中小学生综合实践活动系列读本

灵动时节

二十四节气探寻之旅

冬季篇

娄卫润 于 洋 宋志侠 ◎编著

燕山大学出版社

·秦皇岛·

书中部分图片未知版权，请作者联系我们，以便支付稿酬

图书在版编目（CIP）数据

灵动时节 ：二十四节气探寻之旅. 冬季篇 / 娄卫润，于洋，宋志侠编著.—秦皇岛：燕山大学出版社，2023.5

　　ISBN 978-7-5761-0508-7

Ⅰ.①灵… Ⅱ.①娄… ②于… ③宋… Ⅲ.①活动课程－小学－教学参考资料 Ⅳ.①G622.3

中国国家版本馆 CIP 数据核字（2023）第 055112 号

灵动时节
——二十四节气探寻之旅冬季篇
娄卫润 于　洋 宋志侠 编著

出 版 人：陈　玉

责任编辑：王　宁

责任印制：吴　波　　　　　　　　封面设计：刘韦希

出版发行：燕山大学出版社　　　　地　　址：河北省秦皇岛市河北大街西段 438 号
　　　　　YANSHAN UNIVERSITY PRESS

邮政编码：066004　　　　　　　　电　　话：0335-8387555

印　　刷：秦皇岛墨缘彩印有限公司　经　　销：全国新华书店

开　　本：889mm×1194mm　1/16　印　　张：10.75

版　　次：2023 年 5 月第 1 版　　　印　　次：2023 年 5 月第 1 次印刷

书　　号：ISBN 978-7-5761-0508-7　字　　数：185 千字

定　　价：28.80 元

编 委 会

编委主任：刘文杰

编委副主任：李咏梅　杨志生

丛书主编：娄卫润

本册主编：娄卫润　于　洋　宋志侠

副　主　编：罗丽红　陈亚楠　赵春玉

苏　伟　甄新玲　闫春明

赵　江　岳　坤　李　颖

曹玲丽

编 写 者：刘辉　刘远鹏　王雅君

张秀立　王立新　薛　娜

杨艳军　张　卓　张　莹

王　乐　关梦媛　王霏霏

总　序

依托秦皇岛市研学基地开发综合实践活动课程资源

综合实践活动课程是2001年我国第八次基础教育课程改革设立的必修课程，目的是克服学校课程脱离社会发展和学生生活实际的不足，改变学生被动接受知识的局面，积极推进素质教育，创新人才培养模式，提高学生的社会责任感、创新精神和实践能力。

2016年11月，教育部等11部门联合发布了《关于推进中小学生研学旅行的意见》（简称《意见》）。《意见》明确指出，中小学生研学旅行是由教育部门和学校有计划地组织安排，通过集体旅行、集中食宿的方式开展的研究性学习和旅行体验相结合的校外教育活动，要求各中小学要结合当地实际，把研学旅行纳入学校教育教学计划，与综合实践活动课程统筹考虑，促进研学旅行和学校课程有机融合。研学旅行是继综合实践活动课程之后，教育部在基础教育课程改革中落实立德树人根本任务、培养学生核心素养的又一实践育人途径。

2017年9月25日，教育部印发《中小学综合实践活动课程指导纲要》，明确把"研学旅行"纳入综合实践活动课程。回顾前期的课程实践经验，我们认为，在课程推进过程中，不应该只把研学旅行局限为综合实践活动的一种构成方式，其本身还可以成为课程实施的平台，为社会服务、设计制作、职业体验等领域拓展丰富的课程资源。

2003 年实施新课改以来，秦皇岛市教育局高度重视综合实践活动课程的实施工作，先后出台多个专项指导意见，开展规范且系列化的培训、交流、评比、展示等活动。区域课程开发、实施、管理的整体水平较高，多次在省级以上的教研活动中交流课程管理经验。

多年来，区域内很多学校依托当地自然、社会、人文素材，开发了大量的课程资源：有的依托农村特色产业，引导学生走进田间地头，参与生产劳作，了解农业科技，策划特色产业发展规划；有的依托当地的自然风光等旅游资源，了解旅游产业的核心竞争要素，对产业发展进行诊断、评价、推介和优化；有的依托当地的人文资源，通过引导学生关注家乡文化底蕴、发掘人文内涵及传统文化项目，涵育学生的家国情怀。

秦皇岛市自然禀赋优越，自然景观类型丰富，自然环境优美，加之历史悠久，文化遗存众多，旅游资源丰富、种类齐全、特色突出，经过多年开发建设，形成了以长城、滨海、生态为主要特色的旅游产品体系。全市 A 级旅游景区有 40 多个，为研学实践教育提供了丰富的基地资源。基于丰富的自然资源和发达的交通条件，农业生产类型多样、品种丰富，工业发展布局合理、门类齐全，为学生开展职业体验、社会实践、考察探究提供了广阔的活动空间。

为了更好地让学生在真实的自然环境中学习，在学习与实践的过程中了解家乡，培养学生热爱家乡的感情，涵育家国情怀，自觉地将个人的发展与国家和民族的前途命运结合起来，让价值体认和使命担当落到实处，秦皇岛市教育局依托区域内的研学基地及相关工业、农业产业资源开发综合实践活动课程资源。

本系列读本的编写主要依托秦皇岛市中小学综合实践活动名师工作室，娄卫润老师担任工作室主持人。在她的带领下，具有课程管理经验的校长和具有教学实践智慧的教师共同参与编写。他们查阅各种文献，深入研学基地，反复打磨提炼，探索运用考察探究、社会服务、设计制作、职业体验等活动方式，全面提升学生的综合素养。读本具有明显的地域特色，内容载体熟悉，学习情境亲切，能够真正唤起学生的自主探究欲望。读本力求提升研学实践教育的管理水平，为全面育人和全方位育人拓展新的空间。读本力求降低教师的指导难度，提高课程规范化水平，促进全市综合实践活动课程的常态实施。

本系列读本记录了秦皇岛市多年来实施综合实践活动课程的实践历程，代表了不同的中小学校对实施综合实践活动课程的整体把握和实践探索。期待涌现更多规范实施课程的教学队伍和教研团队，期待区域课程资源开发走向更高的水平。希望综合实践活动课程在秦皇岛市落地生根，盛开出鲜艳的花朵！

刘文杰

致 同 学 们

亲爱的同学们：

  你们好！

  我是你们的小伙伴节气娃娃。在《灵动时
节——二十四节气探寻之旅》这套书里，我将
和你们一起探究二十四节气的奥秘，感受综合
实践活动课程的无穷魅力。

  二十四节气蕴含着自然界许多神奇的现象和
规律，是中华民族宝贵的传统文化遗产。不同的
节气，气温有怎样的变化？降水量有什么差异？
有哪些独特的物候现象？……在探究二十四节气
的过程中，你们一定会感受到我国古代劳动人民
细致入微的观察力，也一定会被中华民族勤劳、

智慧的品格和悠久、灿烂的文化所深深地折服！

　　打开这套书，你们可以看到"启思苑""实践场""体验营""活动角""交流园""知识窗""资料库""展示台"等不同的栏目。"启思苑"帮助你们打开探究问题的思路，"实践场""体验营""活动角"是综合运用观察、调查、采访、体验等方法去开展社会实践、社会服务、设计制作、职业体验等活动的平台，"交流园"是你们分享收获、反思不足的园地，"知识窗""资料库"告诉你们许多和节气有关的知识，"展示台"是你们展示成果、交流经验的平台。你们既可以根据实际情况选择感兴趣的活动内容，也可以发挥创造力，根据书中的思路和方法开展更有创意的活动。

　　从现在开始，你们就要踏上二十四节气的探寻之旅了，希望你们在活动中善于思考、勇于实践、敢于探究、乐于分享，成为一名二十四节气的"小达人"、综合实践活动的"小行家"！

你们的小伙伴　节气娃娃

目录

目录

品味冬天的乐趣——立冬

"北风潜入悄无声，未品浓秋已立冬。"作别深秋的温婉与古韵，我们迎来了二十四节气中的第十九个节气、冬季的第一个节气——立冬。

立冬的来临，意味着冬季从此开始，万物进入休养、收藏状态。

立 冬

〔唐〕李 白

冻笔新诗懒写，寒炉美酒时温。
醉看墨花月白，恍疑雪满前村。

1. 感受冬之蕴

通常每年公历11月7—8日，太阳到达黄经225°时，开始进入立冬节气。

古人把立冬分为三候。一候水始冰：水面开始结冰；二候地始冻：土地开始冻结；三候雉入大水为蜃：立冬之后，天上的大鸟（雉）不多见了，而在海边却可以看到外壳花纹与雉的羽毛颜色相似的大蛤蜊（蜃）。

关于立冬，你想了解哪些内容？

活动角

汉字历史悠久，"冬"字经历了怎样的演变过程？它的含义是什么？通过查阅书籍、请教老师去寻找答案吧！

在漫长的演变过程中，字体发生了很大的变化，其中以甲骨文、金文、小篆、隶书、楷书五种字体最为典型。

"冬"字的演变过程

| 甲骨文 | 金文 | 小篆 | 隶书 | 楷书 |

把找到的答案用喜欢的方式记录下来吧！

"冬"字演变——甲骨文

字形：

字义：在用于记事的绳子两端各打一个结，表示记录终结，也就是"结束"。

"冬"字演变——金文

字形：

字义：金文"冬"字有多种写法。上图中第一种（左）与甲骨文字形非常相近；第二种（右）像一座封闭的房屋，太阳在屋里不出来，即天空无太阳照耀，用来表示冬天。

"冬"字演变——小篆

字形：

字义：小篆中，"冬"字的结构发生了变化，中间的"日"消失了，最下边加上了表示冰的部件"仌（bīng）"，不见太阳而只见冰，就成了冰天雪地、滴水成冰的冬天了。

"冬"字的演变——（　　　　）

了解了"冬"字的演变过程，让我们动笔写一写吧！

书写提示

坐在桌前姿要正，抬头挺胸气要和；
两臂放于桌面上，两腿自然要分开。
三指执笔要夹紧，余指靠紧毛笔管；
推拉自如便书写，腕部力量是关键。

书法作品展示

　　中国的汉字博大精深，纵观"冬"字几千年的演变过程，它的含义一直以来都表示"终了、结束"之意。所以，"立冬"不仅表示冬季的开始，还表示一年即将结束。立冬节气，万物收藏，休养生息。

实践场

　　冬始万物藏，蔬菜也进入"藏"的阶段。白菜是北方地区常见的蔬菜，它可以怎样储存？采访身边的长辈或厨师吧！

奶奶说，白菜可以放地窖储存。

白菜还可以用埋藏法储存。

腌酸菜也是储存白菜的一种方法。

我国食用酸菜的地域十分广泛。毫不夸张地说，酸菜是冬季大部分地区餐桌上的"常客"。

酸菜，古时又称为"菹（zū）"，它的历史最早可以追溯到西周时期。北魏农学家贾思勰（xié）所著的《齐民要术》一书中，详细介绍了古人用白菜腌制酸菜的方法。

一起动手腌制酸菜吧！

准备好大白菜4棵、食用粗盐500克、花椒20克、发酵桶1个、刀1把、筷子1双。

1. 去掉白菜根部和外层坏掉的叶子，然后把白菜对半切开。

2. 烧一大锅开水，将白菜根部朝下放入，焯烫 2 分钟。

3. 将白菜捞出沥干，直到白菜里外凉透为止。

4. 将白菜一层一层整齐地码放到发酵桶中，每放一层白菜，撒入适量食用粗盐和花椒，最后加入凉开水，用压网压实，盖上盖子。

5. 腌制 3 天后，查看水位，如果未没过白菜，就加入凉开水。腌制 1 个月即可。

小贴士

1. 腌制酸菜要选择新鲜饱满的白菜。
2. 焯烫白菜时，时间不宜过长。
3. 腌制的白菜要存放在阴凉处，10～15℃最好。
4. 腌制过程中，使用的容器和工具必须清洗干净，不能有任何油脂杂质。

我的劳动成果展示

资料库

酸菜在腌制过程中会产生亚硝酸盐。通常在腌制 1～2 天之内，亚硝酸盐含量较低；3 天之后，亚硝酸盐含量逐步增加，到第 8 天达到高峰值，第 9 天开始逐渐下降，20 天以后趋于平稳。腌制 1 个月后，酸菜中的亚硝酸盐含量已经很少了，达到了安全食用的标准，可以放心食用。

交流园

在本次活动中，你有哪些收获和感想？分享一下吧！

我知道了"冬"字的演变过程。

我学会了腌制酸菜。

……

2.探寻冰之秘

立冬之后，天气愈加寒冷，水面开始结冰。让我们一起走进冰的世界，去探索它的奥秘吧！

知识窗

自然界中的水，有固态、液态和气态3种状态。冰是水的固体形态，是由水分子有序排列形成的结晶。冰和水一样，都是无色透明物质。

在正常情况下，水在0℃或0℃以下，就会结成冰。冰有一定的形状，占据一定的空间，会漂浮在水面上。当温度高于0℃时，冰就会融化，变为液态水。

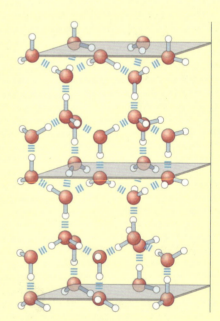

冰的晶体结构示意图

启思苑

关于冰，你想了解哪些内容？

冰有哪些用途？

冰是怎样形成的？

......

实践场

通过实验，探究一下冰的形成过程。

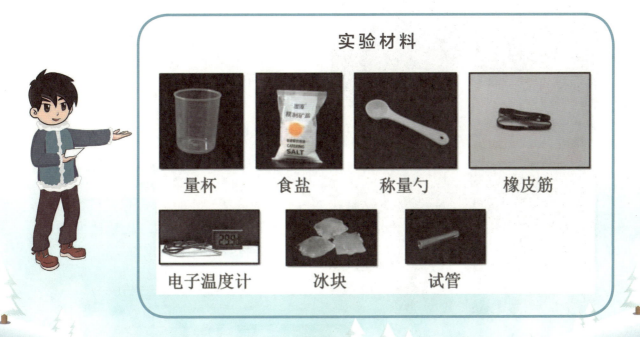

实验材料

量杯　　　食盐　　　称量勺　　　橡皮筋

电子温度计　　　冰块　　　试管

1. 向试管中加入 1/3 清水。

2. 将冰块放入量杯，并撒入一些食盐。

3. 把温度计插入试管中，将橡皮筋套在试管外壁，与水面持平。

4. 当试管中的水开始结冰时，记录此时的温度。

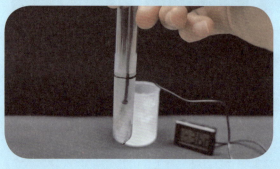

5. 水完全结冰后，比较冰面的位置与橡皮筋标记的位置。

记录实验过程，并总结一下吧！

	温度（℃）	水的状态	体积变化
起始			
开始结冰			
结冰后			

水是从 0℃的时候开始结冰的，结冰顺序是从外向内。

水结冰后体积会变大。

水在0～4℃时热缩冷胀，而在高于4℃时，则热胀冷缩。当水结冰的时候，冰的密度较小，浮在水面上，可以保障水下生物的生存。

冰在生活中有很多用途。通过采访、网络查询的方法了解一下吧！

医疗。例如降高热、止痛、止痒、止血、抑菌等。夏季中暑，可以用冰块外敷降温；扭伤后马上用冰块敷在伤处，可以缓解疼痛，减轻肿胀。

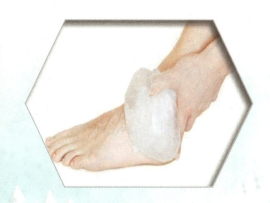

观赏。自然界的冰瀑、冰挂、冰柱、冰花等都具有很高的观赏价值。我国东北地区还常常用冰加工成冰灯、冰雕，供人欣赏。

修复凹痕。长期摆放家具的地毯会出现难以复原的凹痕，在凹痕处放上冰块，冰块融化后趁地毯湿软，用毛刷轻刷可消除凹痕。

你还知道冰的哪些用途？

活动角

目前，科学家已发现了许多种冰。通过查阅书籍、网络搜索等方式去了解一下，并把搜集到的结果记录下来。

日常生活中见到的冰称为"冰 Ih"，它是地球上普遍存在的冰，也是在实验室外唯一能见到的冰。

冰的形态名称：冰 Ic

存在地域：只少量存在于大气圈上层。

发现过程：1981 年，加拿大国家研究委员会惠利（E. Whalley）教授在太阳光折射光晕中首次发现它的存在。

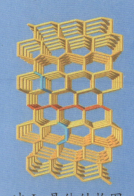

冰 Ic 晶体结构图

冰的形态名称：冰 VII（7 号冰）

存在地域：木星的卫星木卫二上可能有 7 号冰存在。

发现过程：2018 年 3 月，内华达大学地球科学家奥利弗·斯库纳（Oliver Tschauner）在率领团队寻找天然钻石时，无意中发现了神秘的 7 号冰。

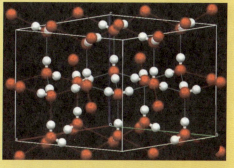

7 号冰晶体结构图

冰的形态名称：冰十八

存在地域：天王星和海王星等冰巨星的地幔中。

发现过程：1998 年科学家们根据天王星、海王星磁场异常的现象，首次预测了冰十八的存在。2018 年，美国的劳伦斯·利弗莫尔国家实验室的科学家们研究并成功制造了冰十八。

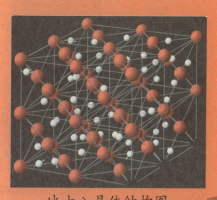

冰十八晶体结构图

冰的形态名称：＿＿＿＿＿＿＿＿

存在地域：＿＿＿＿＿＿＿＿＿＿

＿＿＿＿＿＿＿＿＿＿＿＿＿＿＿

发现过程：＿＿＿＿＿＿＿＿＿＿

＿＿＿＿＿＿＿＿＿＿＿＿＿＿＿

冰十八真的很神秘，详细了解一下吧！

科学家们在实验室特殊的条件下，利用激光瞄准一滴水，瞬间温度达到3000℃左右，这滴水没有蒸发，而是变成了一种黑色透明的晶体，它既是固体也是液体，其密度是普通冰的4倍，它就是冰十八。

太阳表面经常出现移动的黑色斑点，很可能也是在高温下形成的黑色晶体，即冰十八。

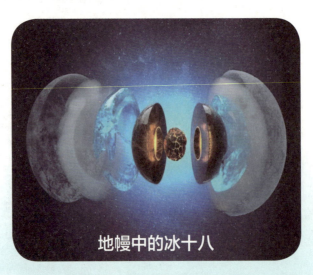

地幔中的冰十八

冰十八存在于天王星和海王星等冰巨星的地幔中

通过研究、实践，你们有哪些收获呢？

原来冰有这么多种形态呀！

冰在生活中的用途非常广泛。

......

资料库

认识冰川

冰川，是指极地或高山地区地表上多年存在并具有沿地面运动状态的天然冰体，是由多年积雪经过压实、重新结晶、再冻结等成冰作用而形成的。它具有一定的形态和层次，并有可塑性，在重力和压力下，产生塑性流动和块状滑动，是地表重要的淡水资源。国际冰川编目规定：凡是面积超过 0.1 平方千米的多年性雪堆和冰体都应编入冰川目录。

冰川主要分布在地球的两极和中、低纬度的高山区，全球冰川面积 1600 多万平方千米，约占地球陆地总面积的 11%。

3. 品鉴橘之味

"一年好景君须记，最是橙黄橘绿时。"立冬时节，正是柑橘类水果收获的季节。让我们走近酸甜多汁的柑橘类水果，一起了解一下吧！

启思苑

关于柑橘类水果，你想了解哪些内容？

常见的柑橘类水果有哪些？分为哪几类？

它们有怎样的食用和药用价值？

……

活动角

通过网络查询的方式，了解一下柑橘类水果吧！

"柑橘家族"大约 800 万年前起源于喜马拉雅地区，我国云南的西南部、印度的阿萨姆地区及相邻区域是其起源的中心区域。柑橘类水果大多数是香橼（yuán）、野生柚、宽皮橘三大野生种通过杂交、杂交后代再杂交而来的。

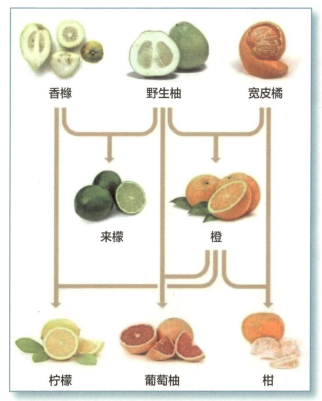

柑橘家族

通过查找资料，我们还了解到柑橘类水果从广义上可以分为橘、橙、柑、柚四大类。

超市里的柑橘类水果有哪些？调查一下吧！

柑橘类水果调查记录表

类别	品种	图片	特点
橘	砂糖橘		个头较小，果皮易剥，外皮油亮光滑，果肉软甜多汁。
	蜜橘		个头适中，扁球形至近圆球形，淡黄色、朱红色或深红色，果皮薄而光滑或厚而粗糙，易剥离，酸甜适宜。
	丑橘		个头大，不规则扁球形或倒卵形，黄橙色，果皮较厚，易剥离，果肉多汁，酸甜适中。
	……		
橙			
柑			
柚			

柑橘类果实的结构是怎样的？剥开一个橘子观察一下吧！

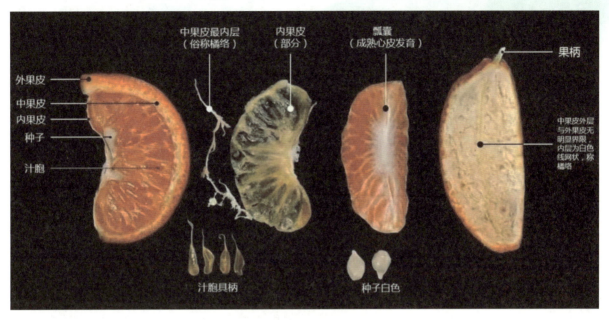

橘子果实结构图

　　橘子的果实主要由果皮和果肉组成。果皮由外向内依次为外果皮、中果皮、内果皮。外果皮与中果皮无明显界限，内果皮表面附着的白色线网为橘络。果肉由内果皮包裹，内藏汁胞和种子。

继续探究其他柑橘类水果的果实结构，绘制示意图吧！

柑橘类水果有哪些食用和药用价值？一起去采访吧！

晒干的橘皮叫作陈皮，具有健脾开胃等功效。

橘络具有行气通络、化痰的功效，还可以改善气管炎和咳喘的症状。

橘肉营养丰富，富含多种维生素和微量元素。

橘核具有软坚散结、理气止痛的功效。

你了解到哪些柑橘类水果的食用和药用价值，用喜欢的方式呈现出来吧！

听老师说水果还可以发电，我们用柠檬来验证一下吧！

柠檬发电实验	
实验材料	柠檬、铜片、锌片、导线、发光二极管、小刀
实验装置图	发光二极管 铜片 锌片

对照上面的实验装置图，动手做一做，把实验过程和看到的现象记录下来吧！

实验过程：

实验现象：

柠檬之所以能发电，是因为柠檬中含有大量果酸，这是一种很好的电解质，它在水溶液中能够电离出带正电荷的阳离子和带负电荷的阴离子。将化学活泼性较强的锌片和化学活泼性较弱的铜片插入柠檬中，带正电荷的阳离子移向铜片，带负电荷的阴离子移向锌片，从而在柠檬中形成电流，产生电压，形成一个水果电池。

交流园

回顾活动过程，交流、分享你们的收获和感受吧！

我了解了水果发电的原理。

我认识了许多柑橘类水果。

……

资料库

"南橘北枳"的说法正确吗

　　成语"南橘北枳"出自《晏子春秋·内篇杂下》，大意是春秋时期齐国外交家晏婴出使楚国，楚王想用齐人在楚为盗来羞辱晏婴，结果晏婴机智回应，说明"南橘北枳"是由水土不同造成的，以此讽喻楚国风气不好，从而让楚王自取其辱。

　　从植物学的观点来看，"南橘北枳"是古人的误解。橘和枳是完全不同的植物物种。虽然它们都属于芸香科柑橘亚科，但却分别属于两个种属。其中，橘属于柑橘属，枳属于枳属，又称枸橘属。

　　柑橘属和枳属的区别主要在于：柑橘属主产于北纬33°以南的地区，果实较大，果味有酸有甜，是传统水果品种；而枳属则南北皆有分布，果实较小，有苦味，是传统中药材。

4. 收获与反思

在"品味冬天的乐趣——立冬"主题活动中，你有哪些成果与收获？让我们一起交流和总结一下吧！

我们制作了"冰"的小档案。

我们举办了一次"冬"字书法作品展。

......

对自己的表现进行评价吧！

评价内容	梳理与总结	自我评价
是否全程参与本组活动		
活动中遇到的问题是怎样解决的		
哪些方面还有待提高		
活动中的收获有哪些		
......		

立冬拉开了冬季的序幕。让我们心怀温暖，感受冬日的别样风景，迎接小雪节气的到来吧！

品味冬天的乐趣——小雪

小雪，是二十四节气中的第二十个节气、冬季的第二个节气。此时天空开始降雪，但雪量不大，所以称为"小雪"。小雪的到来，意味着天气会越来越冷。

小雪

山中雪后

〔清〕郑板桥

晨起开门雪满山，雪晴云淡日光寒。
檐流未滴梅花冻，一种清孤不等闲。

1. 瑞雪纷飞兆丰年

每年公历 11 月 22—23 日，太阳到达黄经 240° 时，开始进入小雪节气。此时，天气寒冷，降水形式由雨变为雪。让我们一同走进雪的世界吧！

关于雪，你想了解什么？

雪花有哪些形状？

雪花是怎样形成的？

……

雪有什么作用？

为了解决这些疑问，先来制订研究计划吧！

（ ）小组研究计划	
研究主题	
成员及分工	
研究方法	资料搜集法、观察法
研究过程	1. 上网搜集关于雪的资料。 2. 实地观察雪花。 ……

活动角

上网搜集有关雪花的资料。

雪花也称银粟、玉龙、玉尘，是一种晶体。

单个雪花的直径一般在 0.05 ～ 4.6 毫米之间。

……

下雪了，拿起放大镜去观察雪花吧！

小贴士

如何收集雪花

1. 准备一张深色的纸板。

2. 将纸板放置在室外 10 分钟以上，确保它冰凉、干燥。

3. 将纸板平放于地面，使少量雪花落在纸板上。

我看到一片完整的雪花，它是六边形的，真漂亮！

雪花形态各异，以六边形居多。每片雪花都有自己独特的形状，世界上找不到两片形状完全相同的雪花。科学家用显微镜捕捉到它们的身影，并起了好听的名字。

六棱柱状雪花

普通棱柱状雪花

星盘状雪花

扇盘状雪花

星形松针雪花

星形蕨草状雪花

空心柱状雪花

针状雪花

冠柱状雪花

十二条枝杈雪花

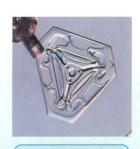

三角晶状雪花

霜晶状雪花

原来雪花有这么多形状，画一画吧！

雪花形态美丽，生活中经常可以看到它的身影。

雪花为什么形状各异？它们是怎样形成的？去图书馆寻找答案吧！

雪花形状各异主要与温度有关。当温度为 -8 ～ -3℃时，雪花呈针状；当温度为 -25 ～ -8℃时，雪花呈片状或扇状；如果温度更低，则呈玉柱状。

制作电子绘本，讲述雪花形成的故事吧！

雪花始于小小的尘埃。尘埃非常非常小，小到肉眼看不到，它来自土壤的颗粒、海水蒸发产生的盐、花朵产生的花粉、植物叶片上的细菌……

1

尘埃是雪花的中心，当尘埃变得足够冷时，水蒸气会附着在它周围，用显微镜能看到它细微的变化。

2

更多的水蒸气附着在潮湿的尘埃上，凝结成冰球。更多的冰球聚集，就形成了一个六角形冰晶。

3

水蒸气继续附着在冰晶上，六个角结晶速度更快，从而形成六个花瓣。花瓣继续生长，各自长出小花瓣，一片小雪花就形成了。

4

雪不仅美丽，还有很多作用。采访身边的人，了解一下吧！

小组采访记录			
采访时间		采访地点	
采访人		被采访人	
成员分工			
采访内容	1. 你喜欢下雪吗？ 2. 雪有哪些作用？ ……		

小组采访记录			
采访时间	11月25日	采访地点	学校操场
采访人	王丹、张扬等	被采访人	四三班同学
成员分工	采访：王丹	记录：张扬	
采访内容	1. 你喜欢下雪吗？ 喜欢，雪花晶莹剔透装点了我们的生活。 2. 雪有哪些作用？ 片片雪花给人们带来欢乐，下雪天我们可以打雪仗、堆雪人。		

小组采访记录			
采访时间	11月26日	采访地点	农民伯伯家
采访人	贾格、赵航、李尚、高丹	被采访人	农民伯伯
成员分工	采访：赵航 李尚	记录：高丹	
采访内容	2. 你喜欢下雪吗？ 喜欢，降雪可以缓解旱情。 2. 雪有哪些作用？ (1) 保温，雪覆盖在小麦上，可以减少冻害。 (2) 减少病虫害，降雪可以冻死虫卵和病菌。		

展示一下你的采访记录吧！

通过采访，我了解到雪有利于农作物的生长发育，净化了空气，为人们的生活带来了很多乐趣……

下雪了，一起体验堆雪人的乐趣吧！

小贴士

准备工作

1. 准备材料：铁锹、塑料桶、胡萝卜、笤帚、纽扣。
2. 设计雪人造型，可以是雪娃娃，也可以是可爱的小动物等。

我和雪人合影留念

雪花有很多种形状，真是太美了！

我知道了雪花的形成过程。

......

资料库

雪花为什么是白色的

　　雪花由一些透明的冰晶组成，光在冰晶里面不是直线传播，而是不断改变方向，所以雪花不透明。当光进入雪的表层冰晶时，反射方向轻微改变，然后传到下一个冰晶，就这样不断重复同样的过程。这样，各种颜色的光都被反射回来，最后混合在一起形成白色的光，从而雪花呈现白色。

2.畅游宇宙望星空

斗转星移，时至小雪，头顶的星空也随季节不断变换。让我们一起探究星星的奥秘吧！

关于星星，你想了解哪些内容？

星星有哪些种类？

星星都会发光吗？

……

一起制订研究计划吧！

_____小组研究计划	
研究目标	了解关于星星的知识
小组分工	
研究方法	资料搜集、观察、采访……
研究过程	1.利用网络、书籍查找关于星星的知识。 2.夜晚观察星空，了解喜欢的星星。 ……
成果形式	星空知识卡、思维导图、手工作品……

活动角

有了计划，一起行动起来吧！

通过网络查询，我们小组收集到了关于星空的科学知识。看！这是我们制作的星空知识卡。

星星为什么会发光

有些星星会发光，主要是因为自身能燃烧，其中最典型的就是恒星，恒星在燃烧反应后会产生光能和热能。有些星星本身不能发光，但是能反射恒星的光，比如月球。还有些星星在摩擦之后发光，比如彗星。

星星的等级

天文学上规定，星的明暗一律用星的等级来表示。我们把用肉眼能看到的星星分为六个等级，最亮的星星是一等星，以此类推，勉强能看见的星星是六等星。

星星为什么会眨眼睛

星星眨眼是由于光的折射。因为大气的密度随时间和空间不断起伏变化，所以恒星发出的光进入地球大气层后，折射光的方向不时发生变化，出现了看似"眨眼睛"的现象。

我们小组用思维导图的形式展示了星星的种类。

太阳系有八大行星，按照距离太阳从近到远的顺序，依次为水星、金星、地球、火星、木星、土星、天王星、海王星。这是我们小组用超轻黏土制作的太阳系八大行星。

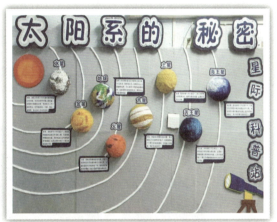

地球是太阳系第五大行星，也是密度最大的行星。就目前所知，地球是唯一拥有生命的星球。

你找到了哪些关于星星的知识？用喜欢的方式展示出来吧！

实践场

北斗七星是北半球天空中的重要星象，在它的周围有一颗最亮的星星叫北极星，一起了解一下吧！

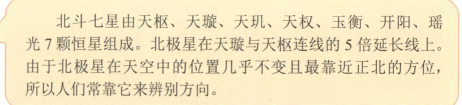

北斗七星由天枢、天璇、天玑、天权、玉衡、开阳、瑶光7颗恒星组成。北极星在天璇与天枢连线的5倍延长线上。由于北极星在天空中的位置几乎不变且最靠近正北的方位，所以人们常靠它来辨别方向。

我们一起去观测吧！

小贴士

1. 北斗七星的最佳观测时间为19：00—21：00，在这段时间内确定一个固定时间。
2. 选择视野开阔、不受遮挡、光线较暗的固定位置进行观测。

我找到北斗七星了，它在天空的东北方向，形状像古代舀酒的斗，斗柄指向北面。

在北斗七星的旁边，我看到了一颗最亮的星星，它应该是北极星。

......

把你找到的北斗七星和北极星画下来吧！

斗转星移

北斗七星总是围绕北极星逆时针旋转，我国古代星象学家把这一规律叫作"斗转星移"。通过"斗转星移"的规律，人们能够判断季节和节气时间："斗柄东指，天下皆春；斗柄南指，天下皆夏；斗柄西指，天下皆秋；斗柄北指，天下皆冬。"

北斗七星属于大熊星座的一部分。天空中有哪些星座？一起来探究吧！

为了便于研究，人们把星空分为若干个区域，将这些区域称作星座。不同的文明和历史时期对星座的划分也不同。1928年，国际天文学联合会用精确的边界把天空划分为88个星座区域，使每一颗恒星都属于某一特定星座。

大 熊 座

大熊座是北天星座之一、北斗七星所在星座，是北部星空中最醒目、最重要的星座。

猎 户 座

猎户座是冬季星空中最引人注目的星座，它高悬在东南方，是亮星最多的星座，被称为"星座之王"。

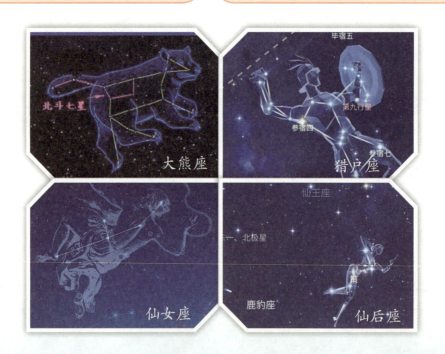

仙 女 座

仙女座面积比较大，位于大熊座的下方、飞马座附近。

仙 后 座

仙后座是北天星座之一，它与大熊座遥遥相对，由5颗星构成独特的W或M形。

你还找到了哪些星座？

星座图片：	星座介绍：

可以借助天文望远镜来观测，一起来认识一下吧！

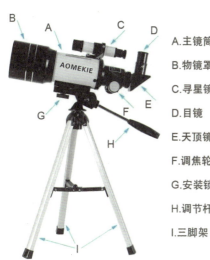

A. 主镜筒
B. 物镜罩
C. 寻星镜
D. 目镜
E. 天顶镜
F. 调焦轮
G. 安装锁紧旋钮
H. 调节杆
I. 三脚架

如何调试天文望远镜

1. 先将主镜筒对准远处的一个目标，如烟囱、空调的室外机等。装上低倍率目镜寻找目标。将镜筒大致对准目标后，调节焦距系统直到目标清晰，并使之处于主镜中心点，然后将三脚架锁紧。

2. 调整寻星镜上的 3 个螺丝，将主镜看到的目标调到寻星镜的十字架中心。

3. 更换高倍率目镜（如 10 毫米目镜），重复上述的步骤。调试时，主镜里的目标始终控制在寻星镜的十字架中心。

用天文望远镜观测，揭开星空神秘的面纱吧！

飞马座

巨蟹座

活动结束了，你有哪些收获？

我知道了星星为什么会发光。

我了解了星星的种类。

......

我认识了北斗七星和北极星。

资料库

中国天眼

"中国天眼"位于我国贵州省，又称500米口径球面射电望远镜，是世界上最大、最灵敏的射电望远镜。它开创了建造巨型望远镜的新型模式，接收电波的面积相当于30个足球场，足足可以"装"下8个鸟巢体育馆，灵敏度水平是世界第二大望远镜的2.5倍，大幅度拓宽了人类的视野。

"中国天眼"自落成启用后，先后发现了数百颗被称为宇宙路标的脉冲星，将中国空间测控能力由地球同步轨道延伸至太阳系外缘，使深空通信数据下行速率提高了几十倍。未来，"中国天眼"或许会寻找到地外文明的相关线索，引领探索地外文明的复兴。

3.小雪节气寻虹踪

小雪有三候：一候虹藏不见，二候天腾地降，三候闭塞成冬。小雪时节，气温降低，降水形式由雨转变为雪。绚丽的彩虹悄悄隐去，让我们追寻它的踪迹吧！

启思苑

关于彩虹，你想了解什么？

彩虹是怎样形成的？

彩虹为什么有 7 种颜色？

......

彩虹的形成和哪些因素有关？通过实验去探究吧！

探究彩虹形成和哪些因素有关	
实验材料	喷壶、水
实验过程	1.找一处有阳光的地方，背对阳光用喷壶向空中同一个位置喷洒水雾，观察现象。 2.找一处没有阳光的地方，用喷壶向空中同一个位置喷洒水雾，观察现象。
实验现象	
实验结论	

实验一

实验二

通过实验我知道，在自然界中彩虹的形成离不开阳光和水滴。

冬天的气温较低，空气比较干燥，所以一般不会有彩虹出现。

为什么阳光照射水滴会形成彩虹呢？去请教科学老师吧！

我们看到的太阳光是白色的，其实它是由七色光混合而成的复色光。当太阳光射入空气中接近圆形的小水滴后，会发生色散和反射现象，复色光被分解为单色光。太阳光以不同角度入射，先折射一次，然后在水滴的背面反射，最后离开水滴时再折射一次，共经过一次反射两次折射，呈现出 7 种不同颜色的光，这就是彩虹。

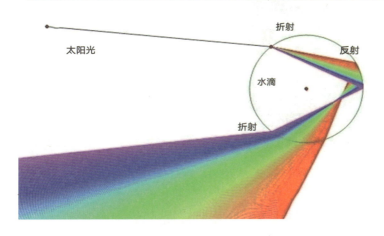

什么是光的折射和反射？跟老师一起做实验吧！

当光从空气斜射入水中时，光的传播路线会发生变化，这种现象叫作光的折射。

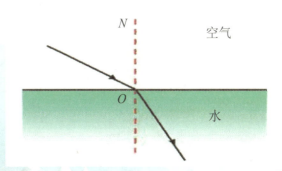

你看到了什么？用光的折射原理解释一下吧！

光的反射，是指光在传播到不同的物质时，在分界面上改变传播方向又返回原来物质中的现象。

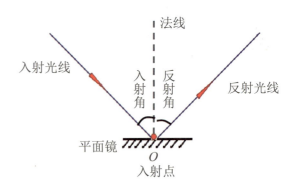

生活中还有哪些反射现象？找一找吧！

知识窗

月球离我们有多远？这是一个无法用尺子测量的难题。当宇航员于1969年和1971年登上月球时，科学家利用光的反射原理解决了这个问题。宇航员在月球上安置了几面特殊的镜子（激光反射器），地球上的科学家向镜子发射光。光沿入射光的路线返回，科学家测量了光反射回地面需要的时间，然后根据光速计算出地球到月球的平均距离约为38.4万千米。

实践场

彩虹的美丽总是短暂的，试着制作一道彩虹，留住大自然的美丽！

我们可以用三棱镜、水盆、镜子、手电筒等材料制作彩虹。

方法一

让光线通过小孔，从三棱镜里射出，我们会在对面的白墙上发现红、橙、黄、绿、蓝、靛、紫7种颜色的光。

方法二

将小镜子倾斜地放入水盆固定好，使光线照在水下部分的镜面上，对面的墙上就会出现彩虹。

方法三

展示台

绚丽的彩虹深受人们喜爱，人们常常用它七彩的颜色装点生活。

用上彩虹的颜色，设计你的作品吧！

交流园

我学会了制作人工彩虹。

彩虹的形成离不开阳光和水滴。

......

资料库

　　彩虹其实并不像人们想象的那样是半圆形的，而是一个完整的圆形。彩虹的圆心就是太阳与地球垂直连线的中点，人们看到的只是彩虹的一部分，而剩余的部分在地平线下，所以看不到。

　　天空中有时会出现双重彩虹，外侧较暗的称为副虹，又叫霓。副虹是阳光在水滴中经两次反射而成的。因为有两次反射，所以副虹的颜色顺序跟主虹相反，外侧为紫色，内侧为红色。

4. 收获与反思

小雪节气中，我们感受到雪花的纯净、星空的浪漫、彩虹的绚丽，在体验中探索，在快乐中成长！

我们举行了一次关于雪花的电子绘本作品展。

我们布置了星空知识展板，和大家一同分享。

我们把关于彩虹的实验过程用视频短片的形式展示给大家。

活动过程中一定发生了很多故事，记录下来吧！

故 事 会

还有哪些收获和感悟呢？留下你们的成长足迹吧！

反思与评价	
活动中我了解到	
活动中我的表现	
评价一下我的队友	
哪些方面还能做得更好	
老师对我的评价	

"不知庭霰今朝落，疑是林花昨夜开。"雪是冬日的精灵，是冬的象征。冬是雪的摇篮，是雪的归宿。小雪至，冬伊始。小雪过后，让我们一起奔赴仲冬大雪的盛会吧！

品味冬天的乐趣——大雪

大雪，是二十四节气中的第二十一个节气、冬季的第三个节气。大雪与小雪一样，是反映气温与降水变化趋势的节气。此时，气温显著下降，降水量增多。

让我们一起走进大雪节气，探究其中的奥秘吧！

逢雪宿芙蓉山主人

〔唐〕刘长卿

日暮苍山远，天寒白屋贫。
柴门闻犬吠，风雪夜归人。

1. 大雪询历法

每年公历 12 月 6—8 日，太阳到达黄经 255° 时，开始进入大雪节气。

说起大雪节气，你有哪些疑问呢？

大雪节气的时间是怎样确定的？

大雪节气在每年公历 12 月，公历和农历有什么关系？

......

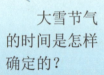

为了解决这些疑问，先制订一个研究计划吧！

（　　　　）小组研究计划	
研究主题	
成员及分工	
研究方法	资料搜集法
研究内容	1. 大雪节气的时间每年都一样吗？ ......

制订好研究计划，让我们行动起来吧！

翻出日历看一看。

从这张日历中，你能得到哪些信息？

我知道 2020 年的大雪节气是从公历 12 月 7 日这一日开始的。

我还知道那天是农历的十月二十三。

农历和我们平常所说的阴历一样吗？它和阳历又有什么区别？快来寻找答案吧！

简单地说，阳历是以太阳作为参照物而设定的历法；阴历是以月球为参照物设定的历法；农历是以农业生产活动为目标，参照阴、阳历而制定的综合历法。

太阳连续两次通过春分点的时间间隔就是一回归年。

阳　历

　　阳历，又叫太阳历，即国际通用的公历，是以地球绕太阳公转的运动周期（一回归年）为基础而制定的历法。一回归年约等于365.2422日，即365天5小时48分46秒。根据阳历的日期，在一年中可以明显地看出四季的寒暖变化情况。一年分为12个月，大月31天，小月30天，2月只有28天。每年所余的5小时48分46秒，4年累积起来约1天光景，加在第4年的2月里，这一年叫作闰年，因此闰年的2月有29天。

阴　历

　　阴历，又叫太阴历，主要指按月球的月相周期变化来安排的历法，以月球绕行地球一周为1个月，约为29.5天。12个阴历月的简单累积，其长度为29.5×12＝354天，和阳历"年"之间有着约11日的差异。

农　历

　　农历，是一种阴阳合历。取月相的变化周期为月的长度，加入阳历二十四节气成分，参考太阳回归年为年的长度，通过设置闰月使平均历年与回归年相适应。由于选用了合理的"置闰"原则，平均历年长度的近似值等于一回归年的长度（365.2422日）。

　　闰月，是一种历法置闰方式。阴历以月球绕地球定历法，每年和一回归年的365日5时48分46秒相差约10日21时，这样只需经过17年，阴阳历日期就同季节发生倒置。为了避免这一现象，农历每3年闰1个月，每5年闰2个月，每19年闰7个月。这样每逢闰年所加的1个月，就称为闰月。闰月加在某月之后，叫闰某月。

原来我们平时所说的"阴历"不是真正的阴历，而是阴阳合历，也就是农历。

了解了三种历法的区别，为今年和去年的大雪节气设计一张日历吧！

比较今年和去年大雪节气的阳历和农历日期，你发现了什么？

我 的 发 现

今年大雪节气的阳历日期是___月___日，去年的阳历日期是___月___日，相差___天，而农历差了___天。

二十四节气的时间是怎样确定的？

扫描二维码，寻找答案吧！

我知道了古人是用"立竿见影"法来确定二十四节气的日期的，最先确定的是冬至。冬至日的影子最长，夏至日的影子最短，春分、秋分的日影长介于冬至和夏至之间。由此确立了春分、夏至、秋分、冬至4个节气，恰好把一年分为4个基本相等的时段。

春分、夏至、秋分、冬至是由太阳的高度决定的。二十四节气是根据地球在黄道（地球绕太阳公转的轨道）上的位置来划分的，与阳历日期相吻合。太阳从春分时（黄经 0°，此刻太阳垂直照射赤道）出发，每前进 15° 为 1 个节气；运行一周又回到春分时，为一回归年，合 360°。因此，分为 24 个节气。

在之前的活动中，我们知道了每个节气 15 天，那么 24 个节气就是 360 天，一年 365 天，还差 5 天哪儿去了？

根据二十四节气的具体时间算一算吧！

冬季节气	具体时间
立冬	2022 年 11 月 7 日 18 时 45 分 18 秒
小雪	2022 年 11 月 22 日 16 时 20 分 18 秒
大雪	2022 年 12 月 7 日 11 时 46 分 04 秒
冬至	2022 年 12 月 22 日 05 时 48 分 01 秒
小寒	2023 年 1 月 5 日 17 时 13 分 54 秒
大寒	2023 年 1 月 20 日 10 时 38 分 56 秒

如何计算每个节气的时间？快去请教数学老师吧！

以大雪节气为例：
　　大雪节气的天数＝冬至的时间－大雪的时间
　　2022 年 12 月 22 日 05 时 48 分 01 秒－2022 年 12 月 7 日 11 时 46 分 04 秒 ＝14 天 18 小时 1 分 57 秒

因为太阳轨道是椭圆形的，使得地球绕太阳运行时，每个 15° 的时间长度不同，所以每个节气的时间就不是 15 天整。

选择一个节气算一算，你有什么发现？

计算过程：   我的发现：

交流园

通过本次活动，你有哪些收获？

原来，每个节气15天只是一个大概的数，如果将每个节气的精确时间相加，就能找到剩余的那5天了。

我知道了阴历、阳历和农历的区别。

......

资料库

二十四节气又分为12个中气和12个节气。二十四节气反映了太阳的周年视运动，所以在公历中它们的日期基本是固定的：上半年的节气在6日，中气在21日，下半年的节气在8日，中气在23日，二者前后不差1～2日。

在二十四节气中，反映四季变化的节气有立春、春分、立夏、夏至、立秋、秋分、立冬、冬至8个节气，反映温度变化的有小暑、大暑、处暑、小寒、大寒5个节气，反映天气现象的有雨水、谷雨、白露、寒露、霜降、小雪、大雪7个节气，反映物候现象的有惊蛰、清明、小满、芒种4个节气。

2. 岁寒识青松

"大雪压青松，青松挺且直。"大雪节气，厚厚的雪压在松树枝叶上，松树不畏严寒，依旧傲然挺立。

启思苑

关于松树，你想了解什么呢？

松树有哪些种类？

冬天，松树为什么还是绿色的？

松树有哪些用途？

......

小组成员共同讨论，制订活动计划。

关于松树的研究计划	
研究目标	1. 了解松树的种类。 2. 探究松树在冬天依然保持绿色的原因。 3. 知道松树的用途。
小组分工	
研究方法	资料搜集、观察、采访……
研究过程	1. 上网搜集有关松树的知识。 2. 到植物园实地观察松树，了解它的特点。 3. 通过采访，了解松树冬天依然保持绿色的原因。 ……
成果形式	手抄报、视频、绘画、手工艺品……

活动角

制订了计划，赶快行动起来吧！

世界上的松树有 80 余种，我国常见的松树有油松、高山松、红松、雪松、罗汉松……

到植物园里去观察松树吧！

观察时，不仅要用眼睛去看、用手去触摸、用鼻子去闻，更重要的是用头脑去思考。

松树的叶子像针一样，2 根、3 根 或 5 根组成一束，叶尖摸起来很扎手。

......

松果表面粗糙，看起来像一个小菠萝，它是由一片片的鳞片组成的。

知识窗

松果，又名松塔，是松科植物的果实，具有很高的药用价值。《本草纲目》里记载，松塔具有祛痰、止咳平喘、祛风、润肠、安神等功效。松塔的提取物种类较多，主要有多糖、多酚、萜（tiē）类、黄酮等化合物。其中多糖化合物具有抗肿瘤、抗菌、抗病毒等多种生物活性。松塔的种类很多，但是能结出松子的却很少。产松子的松树有红松、华山松、美人松、金钱松、海松、白皮松等。

通过研究，我们对松树有了初步的认识，展示一下成果吧！

这是我录制的关于油松的介绍，快来扫码欣赏一下吧！

你还了解了关于松树的哪些知识？用喜欢的方式呈现出来吧！

到了冬天，松树依然保持绿色，这是为什么呢？我们去请教科学老师吧！

松树四季常绿主要是因为它的叶子为针状，并且表面含有蜡质，这样可以将水分储存起来，不容易流失，所以叶子保留的叶绿素也比较多。同时，松树的枝叶中蕴含较多的脂肪和糖分，能满足它在整个冬季的营养需求，不易黄叶、掉叶。

松树四季常绿，它有哪些用途呢？查阅资料了解一下吧！

松树的用途查询记录			
日期		查询方式	网络搜索
搜索引擎		搜索关键词	
小组成员分工	电脑操作员：		记录员：
松树的用途	药用价值	松树入药历史悠久，古代药典中都有记载。近代中医以松针、松节油、松脂、松花、果壳、树皮、松子入药，药用范围极为广泛。	
	食用价值	松针粉和松花粉富含多种营养元素，是常见的保健品。 ……	
	工业作用		

松果还能用来制作精美的手工作品呢，一起欣赏吧！

发挥想象力，用松果创作手工作品吧！

我想设计的作品：

我的作品图片：

交流园

活动结束了，你有哪些收获？说一说吧！

我知道了世界上有 80 多种松树。

我知道了松树四季常绿的原因。

我了解了松树的用途，还做了手工作品。

......

资料库

　　琥珀，是一种透明的生物化石，是松柏科等植物的树脂滴落，掩埋在地下千万年，在压力和热力的作用下石化形成的，有的内部包有蜜蜂等小昆虫，奇丽异常，故又被称为"松脂化石"。琥珀是世界上唯一将生物保存其中，历经千万年依然完好如初的宝石。2016 年 3 月 6 日，中国科学家发现了迄今为止世界上最古老的琥珀矿石，距今约有 9900 万年。

　　"要知松高洁，待到雪化时。"让我们继续学习松树那种不畏风霜、坚贞不屈、永不折节的精神。

3.寒冬强体魄

大雪至，寒冬始。大雪节气，气温骤降，开展适当的体育运动，不仅有助于身体健康，还可以锻炼意志。

启思苑

多添衣，勤锻炼，让我们行动起来吧！

冬天可以开展哪些体育活动？

开展体育活动时应该注意什么？

......

知识窗

感受一下冬季丰富多彩的体育活动吧！

滑雪橇

抽冰尜（gá）

跳房子

滚铁环

丢沙包

跳皮筋

　　滚铁环，传统儿童游戏，用一个长柄的铁钩推着铁环滚动前进。滚铁环的场地最好是平坦的路面或坡度不大的草坡，个人活动、集体竞赛均可。有50米或100米竞速、100米障碍（如绕树丛、过独木桥）、4×100米接力等比赛项目。

活动角

　　冬天还可以开展哪些体育活动？和体育老师探讨一下吧！

冬天天气寒冷，不适合做过于剧烈的运动。可以进行慢跑、跳绳、踢毽子、打乒乓球、打雪仗、滑雪、轮滑等体育活动。准备活动要充分，运动量要适中，避免大汗淋漓，以防感冒。

根据体育老师的建议，制订适合自己的体育锻炼计划吧！

展示一下你的体育锻炼计划吧！

大雪节气，滑雪是同学们最喜爱的体育活动之一，让我们一起走进滑雪场吧！

先来认识一下滑雪用具。

滑雪头盔

滑雪杖

护目镜

滑雪服

滑雪鞋

滑雪手套

滑雪板

跟着教练开始学习吧！

1.单脚穿好滑雪板，重心前倾，用滑雪杖向后推，试着单脚滑行。

2.双脚穿好滑雪板，滑雪杖向斜后方尽力撑住，把小腿压在鞋舌上，用大腿发力，练习前行。

3.把滑雪板刃立起来，练习以横切的方式上坡。

4.让滑雪板呈外八字形，保持小腿一直贴在鞋舌上，膝盖内扣，左右两板交替上行，练习外八字式上坡。

5.双脚并拢，两滑雪板平行，重心前倾，练习缓坡直滑降。

6.让滑雪板呈内八字形，两个板头保持一拳的距离，用内侧板刃卡住雪面，练习内八字式刹车。

小贴士

安全注意事项：1.量力而行；2.靠边歇停；3.严防相撞；4.不要冒险；5.摔倒后不要挣扎，尽量迅速降低重心向后坐。一般情况下，可以举起手和双臂，避免头部朝下或翻滚。

在教练的指导下，开始我们的滑雪运动吧！

晒一晒滑雪照片，写一写滑雪感受吧！

我的滑雪照片：　　　　　　　　　　我的滑雪感受：

让我们一睹北京冬奥会上健儿们的风采吧！

高山滑雪

单板滑雪

钢架雪橇

越野滑雪

交流园

回顾活动过程，和大家交流一下收获吧！

我按照计划坚持锻炼身体，体质增强了。

我去体验了滑雪，太有意思了！

......

资料库

冰墩墩
Bing Dwen Dwen

雪容融
Shuey Rhon Rhon

北京冬奥会

第 24 届冬季奥林匹克运动会，即 2022 年北京冬季奥运会，于 2022 年 2 月 4 日开幕，2 月 20 日闭幕，主题口号是"一起向未来"。北京赛区承办所有的冰上项目和自由式滑雪大跳台，延庆赛区承办雪车、雪橇及高山滑雪项目，张家口赛区承办除雪车、雪橇、高山滑雪和自由式滑雪大跳台之外的所有雪上项目。冬奥会和冬残奥会的吉祥物是冰墩墩和雪容融。北京冬季奥运会设 7 个大项、15 个分项、109 个小项。在此次冬奥会上，中国体育代表团收获 9 金 4 银 2 铜共 15 枚奖牌，多个项目实现新突破，金牌榜排名第三，创造了冬奥参赛史上的最好成绩。

4. 收获与反思

在大雪节气的探究中，我们收获颇丰。快来交流一下吧！

> ★关于大雪，我知道……
>
> _____
>
> _____
>
> _____
>
> _____

大雪节气，我们开展了哪些活动？一起回顾一下吧！

我们认识并深入了解了坚韧、顽强的松树。

我们制订了体育锻炼计划，并坚持进行体育锻炼。

我们一起探究了阴历、阳历和农历的区别。

在大雪节气系列活动中，一定有很多收获与感悟，在这里留下我们的成长足迹吧！

评价内容	梳理与总结	自我评价
是否全程参与		
最大的收获		
遇到了什么困难如何解决的		
哪些方面还需要提高		
……		

大雪结束之时，是冬至开始之日，是人们开始数着"九九"过隆冬的日子。对我国大多数地区而言，大雪是迈向隆冬季节的一个过渡期。让我们带着坚毅与勇气迎接冬至的到来！

品味冬天的乐趣——冬至

大雪节气过后，冬至紧随而至。冬至，是二十四节气中的第二十二个节气、冬季的第四个节气。

冬至日这一天，太阳直射南回归线，是地球赤道以北地区一年中白昼最短、黑夜最长的一天。冬至过后，我国各地气候逐渐进入最寒冷的阶段。

小至（节选）

〔唐〕杜 甫

天时人事日相催，冬至阳生春又来。
刺绣五纹添弱线，吹葭六琯（guǎn）动浮灰。

1.数九消寒待春归

冬至是二十四节气中最早确定的节气，时间在每年公历 12 月 21—23 日，此时太阳到达黄经 270°。

　　冬至，又称日南至、长至节、冬节、亚岁等，是二十四节气中一个重要的节气。

　　"冬至"的"至"有两层含义，一层是"到达、到来"，另一层是"极点、最大值"。古人对冬至的说法："日南至，日短之至，日影长之至，故曰'冬至'。"意思是（北半球）太阳到达南行的极致，白昼时间是一年中最短的，物体的影子是一年中最长的，所以这个节气被称作"冬至"。

　　冬至日拉开了数九寒天的序幕，意味着一年中最冷的时节到来了。关于数九，你想了解哪些内容？交流一下吧！

数九的方式有哪些？

为什么数九天这么冷？

……

什么是数九？人们为什么要数九？

活动角

上网查阅资料，解答心中的疑问吧！

什么是数九

古代没有精准的天气预报，人们发明了一种计算寒天与春暖日期的方法，叫作"数九"，又称"冬九九"。

关于数九习俗的文字记载，最早见于宗懔（lǐn）所著的《荆楚岁时记》。根据民间的算法，数九是从冬至日开始算起，每九天算一九，以此类推，一直数到九九。数完九九八十一天，天气就会转暖，就到了春耕的时候了。

人们为什么数九

古人数九，而不数其他数字，其实是中国古代哲学思想的体现。

在中国传统文化中，数字九蕴含着怎样的思想？找一找，写下来吧！

在农耕社会，不同地区的人们通过数九的实践，归纳出通俗易懂、好记实用的歌谣，这就是"九九消寒歌"。

九九歌（华北版）

一九二九不出手；
三九四九冰上走；
五九六九，沿河看柳；
七九河开，八九雁来；
九九加一九，耕牛遍地走。

九九歌（　　版）

九九歌（　　版）

对比不同版本"九九歌"的内容，你发现了什么？交流一下吧！

我的发现：

除了"九九歌"，古人还通过很多诗情画意的方式数九，如"九九消寒图""九九消寒迎春联""九九消寒民谚"等。下面是我们搜集的三种"九九消寒图"。

1. 画铜钱

根据每天不同的天气情况，给相应位置的铜钱涂色，全部涂完，春天就来了。

铜钱的不同部位代表不同的天气：上阴下晴雪当中，左风右雨要分清，九九八十一全点尽，春回大地草青青。

2. 染素梅

画一枝素梅，枝上画梅花九朵，每朵梅花九个花瓣，共八十一瓣，代表"数九寒天"的八十一天。每天涂红一个花瓣，涂完九朵梅花，就出"九"了。除了涂色，也有人直接在花瓣上用文字和符号注明阴晴雨雪。

3. 描书法

最早出自清代道光皇帝之手。选每字九画的九个字，每画代表一天，每字代表一个九，九个字代表九九八十一天。用空心字体画到纸上，每过一天，用色笔填实一画，再用笔蘸白色在这一画上填写当日的阴晴雨雪情况。填完九个字，也就数完了"九"。

"九九消寒图",既是古人记录数九天气的工具,也是他们在寒冷冬季中的精神寄托。

数九寒天,天寒地冻,古人数九、画九、写九,凭借智慧与乐观,寻找精神御寒法则,对后世产生了深远影响。

你找到了哪些古人数九的方式?展示一下吧!

九九消寒迎春联

九九消寒民谚

数九天这样寒冷,和哪些因素有关?查找资料,了解一下吧!

我知道了数九天之所以这样冷,与太阳的辐射、冷空气的活动、地面的散热等多种因素有关。

太阳的辐射

数九时节，太阳直射南半球，斜射北半球，此时北半球太阳高度低，到达地面的太阳辐射少。

冷空气的活动

地面的散热

实践场

数九寒天，古人用土圭测日影，得出了冬至"日影长之至"的结论。我们也来观测吧！

小贴士

1. 选择冬至前后一段日期的正午时分，在同一地点进行观测。
2. 选择同一个物体的影子进行测量，物体要与地面保持垂直。
3. 将观测数据绘成折线图，观察影子长度的变化。

把观测结果记录下来吧！

日期	物体长度	影子长度（厘米）

根据观测数据，绘制冬至影子变化折线图。

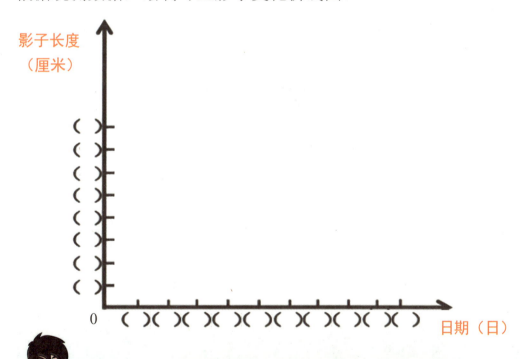

从折线统计图中可以看出，冬至日物体的影子是最长的。

影子的长度与什么有关？冬至日物体的影子为什么最长？根据古人的观测发现，讨论一下吧！

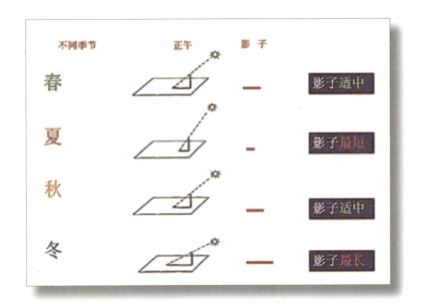

影长和太阳在天空的位置有关。太阳位置越高，影子越短；太阳位置越低，影子越长。

冬至日这一天，太阳的位置最低，所以物体的影子最长。

结合我们在夏至、秋分和冬至节气观测到的影子的结果，总结一下影长的四季变化规律吧！

_____时，物体的影子最长；_____时，物体的影子最短。

从夏到冬，物体的影子逐渐_____；从冬到夏，物体的影子逐渐_____。

在这次活动中，你有哪些收获？交流一下吧！

在寒冷的冬天，古人用各种雅致的方式数九消寒，我很佩服他们的乐观精神。

我知道了影长的四季变化规律。

……

资料库

冬至的习俗

冬至被视为冬季的大节日，古代民间有"冬至大如年"的说法。除了数九消寒，还有很多习俗。

汉代以冬至为"冬节"，官府举行庆祝仪式，称为"贺冬"，官方例行放假，官场流行互贺的"拜冬"礼俗。

我国北方大部分地区有冬至日吃饺子的习俗，因为饺子有消寒之意。至今民间还流传着"冬至不端饺子碗，冻掉耳朵没人管"的谚语。老北京还有"冬至馄饨夏至面"的说法。

我国南方有冬至日吃汤圆的习俗。"汤圆"是冬至必备的食品，"圆"意味着"团圆""圆满"，冬至日吃汤圆又叫"冬至团"，民间有"吃了汤圆大一岁"之说。此外，南方地区还有冬至日吃烧腊、姜饭、赤豆糯米饭等习俗。

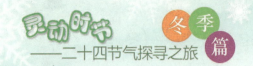

2.烹茶品茗添雅趣

"冬至品茶茶更浓。"冬至时节，天气寒冷，喝茶是人们暖身的好选择，养生又怡情。让我们一起走近中华茶文化，去感受烹茶品茗的雅趣吧！

启思苑

关于茶，你想了解哪些内容？讨论一下吧！

常用的茶具有哪些？

我想学习泡茶的方法。

茶叶分为哪些种类？

......

活动角

走进茶叶专卖店，调查了解茶叶的种类吧！

我国的茶叶分为基本茶类和再加工茶。其中，基本茶类可分为六大茶类。瞧，这是我们制作的基本茶类示意图。

绿茶

黑茶

红茶

基本茶类

白茶

青茶

黄茶

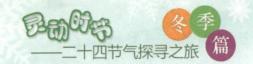

再加工茶是以基本茶类为原料加工而成的，包括花茶、紧压茶、萃取茶、果味茶和药用保健茶等。

茉莉花茶

紧压茶

用喜欢的方式展示再加工茶的调查结果吧！

在所有的茶中，红茶性温，适合在冬天饮用。我认识了红茶的常见品种，还制作了关于红茶的思维导图。

你认识了哪些不同品种的茶？也试着用思维导图的方式呈现吧！

"器为茶之父。"认识一些常用的茶具吧！

紫砂壶

盖碗：又叫"三才碗""三才杯"

茶则
茶匙
茶夹
茶针

茶筒

茶漏

茶道六君子：茶筒、茶漏、茶则、茶匙、茶夹、茶针

常用的茶具还有哪些？它们的用途是什么？采访茶艺师，了解一下吧！

茶具名称	用途
茶盘	
茶海	
茶船	
茶荷	
……	

泡茶要选对茶具。如绿茶适合用透明玻璃杯冲泡，便于观察"茶舞"。红茶的茶具选择较为多样：使用紫砂壶，茶味更加醇厚香浓；使用白瓷盖碗或玻璃杯，可以欣赏茶汤红艳的色泽。

实践场

认识了茶和茶具，家里来客人的时候，亲手为客人泡上一杯红茶吧！

小贴士

1. 泡茶用水首选纯净水、矿泉水等。先将水煮沸，然后晾凉至所需温度。

2. 要注意掌握好茶水比例。一般情况下，投茶3克，至少注水150毫升。

1. 温杯。最好选用白瓷杯，先用开水温杯，作好清洁。

2. 置茶。也称"投茶"，量取3克左右干茶置入茶杯或茶壶。

3. 冲泡。将95℃左右的水倒入杯或壶中，冲泡3～5分钟。

4. 奉茶。把茶杯放在茶盘上，递到客人面前，注意茶杯的位置在客人的右手前方。递茶后，用右手做出请茶的手势。

通过泡茶，我了解到中国人特别讲究礼仪。例如给客人端茶一定要用双手，以示尊敬；为客人倒茶，以杯深的三分之二处为宜，倒得太满，即为"茶满欺人"，容易烫到客人的手，表示厌客、欺客之意。

你泡的茶怎么样？泡茶、奉茶过程中有哪些感受？分享一下吧！

晒晒我泡的茶：

我的感受：

交流园

在这次活动中，你有哪些收获？交流一下。

我知道了茶的种类，还认识了很多茶具。

我懂得了很多喝茶的礼仪。

……

3. 赛诗迎新庆冬节

春夏秋冬，四季流转，每个节气都饱含着诗意，流传下来许多脍炙人口的诗词。冬至节气喜逢元旦，我们举行一次二十四节气诗词大会，共同度过这快乐冬节吧！

启思苑

你看过中央电视台的《中国诗词大会》吗？举行"二十四节气诗词大会"要作哪些准备呢？

要收集二十四节气的诗词，建立题库。

要作好人员分工。

要制定好比赛规则。

······

作好整体策划是保证诗词大会顺利进行的前提条件。策划时，应当明确活动时间、地点、报名要求、题型设置、比赛流程、计分方法、奖项设置等关键问题。

题目可以有必答题、抢答题……

比赛流程可以设计个人必答、一对一抢答和团队对抗三个环节，最后计算小组总分。

可以设置集体奖和个人奖。

一起讨论，制定活动策划方案吧！

"二十四节气诗词大会"活动策划方案			
活动时间		活动地点	
报名要求	以小组为单位报名参赛，每组5名选手组成参赛队伍。		
题型设置	比赛题目分为个人必答题、一对一抢答题、团队对抗题。		
比赛流程			
计分方法	1.小组总分为三个环节比赛分数之和。 2.按总分从高到低排出各组名次。总分并列的，加赛团队对抗题决出胜负。		
奖项设置			
注意事项			

诗词大会的工作量真不小！我们把工作分解一下，不同的小组承担不同的任务，共同完成大会的前期准备吧！

工作任务怎样分解？讨论一下吧！

工作组	承担任务	任务要点
协调组	协调、组织	负责协调各组工作、组织报名、聘请评委等。
命题组	建立题库	每个节气选择一首古诗词，并根据古诗词的作者、内容等设计不同类型的题目。
主持组	现场主持	根据比赛规则、流程撰写主持词并排练，制作PPT。
场地道具组	准备道具、布置会场	准备记分牌、记分表、笔、计算器、评委席标牌、海报标语、奖状等必备物品及调试设备等。
......		

明确本组想要承担的任务，作好人员分工。

活动角

根据活动策划方案行动起来，完成本组的任务吧！

我们小组找到了《中国诗词大会》节目认真观看，发现节目中有很多题型，比如填空题、选择题、问答题等。

1.填空题
天下三分明月夜，二分无赖是（　）州。

2.选择题
下列哪首诗不是写杭州西湖的？
A. 水光潋滟晴方好，山色空蒙雨亦奇。
B. 接天莲叶无穷碧，映日荷花别样红。
C. 小荷才露尖尖角，早有蜻蜓立上头。

3.问答题
请根据以下线索，说出一句诗。
A. 这句诗出自一首著名的宋词。　B. 是苏轼写给弟弟苏辙的。
C. 写于中秋。　D. 此句借月亮表达了与亲人长相厮守的愿望。

《中国诗词大会》还有一类特殊的题目，叫作"飞花令"。"飞花令"本来是古人行酒令的一种，规则为按顺序吟诵带"花"字的诗词，答不上则罚酒。诗词大会中的"飞花令"适当增加了难度，例如上图中的题目，需要选手依次吟诵含有"数字"及"月"的诗句。

这是我们搜集到的关于冬至的古诗以及根据这首诗设计的题目，并且对题目进行了分类。

邯郸冬至夜思家

〔唐〕白居易

邯郸驿里逢冬至，
抱膝灯前影伴身。
想得家中夜深坐，
还应说着远行人。

我们设计的题目	
填空题（必答）	邯郸驿里逢（　），抱膝灯前影伴身。
选择题（必答题）	诗句"想得家中夜深坐，还应说着远行人"中的"远行人"是指（　） A. 李白　B. 杜甫　C. 李贺　D. 白居易
问答题（抢答题）	根据以下线索，说出诗的题目。 A. 这是一首唐代诗人的作品。　B. 这首诗写于冬至节气。 C. 作者借这首诗表达了自己的思乡之情。

你也来搜集有关节气的诗词，设计题目吧！

小贴士

1. 搜集题库素材时，尽量选择通俗易懂的诗词。
2. 充分发挥创意，设计多种有趣的题型，如诗句接龙、飞花令等。

我搜集的诗词

我设计的题目

二十四节气诗词有的不太常见。为了比赛能够顺利进行，我们想把题库中涉及的节气诗词发给大家提前熟悉和背诵。

根据命题组设计的题目，我们协调组的成员共同讨论，制定了每个环节的比赛细则。

个人必答题比赛细则

两组参赛选手依次轮流答题，每人一道。主持人宣读题面后，宣布"答题开始"，计时员开始计时，限时 30 秒。答题声音要洪亮，答题过程中不能互相商议或求助。

你们的比赛细则是怎样的？写下来吧！

比赛环节	比赛细则

在诗词大会的现场比赛中，主持人发挥着重要的作用。主持词应当包括哪些内容？讨论一下吧！

主持词一般由开场白、中间部分与结束语组成。

中间部分要向观众介绍比赛评委和比赛流程、细则，比赛后宣布结果。

开场白应当说清活动主题，宣布比赛开始。

结束语要对整场比赛进行总结。

试着列出主持词提纲，并根据提纲撰写主持词吧！

准备好 PPT 和各种器材，布置好场地，走进诗词大会比赛现场，一展身手吧！

小贴士

1.主持人要熟读主持词和题目并反复练习，做到心中有数。

2.协调组提前通知相关人员，参赛选手要清楚比赛顺序和上场时间。

3.作好现场比赛分工，必要时寻求老师和家长的帮助。

用喜欢的方式展示一下活动的精彩瞬间吧！

交流园

诗词大会圆满落幕，你有哪些收获？交流一下吧！

我积累了好多有关节气的诗词。

我懂得了分工合作的重要性。

⋯⋯

4. 收获与反思

通过这段时间的活动，你一定收获满满。一起梳理一下吧！

★ 我了解了关于冬至的这些知识：

★ 我们开展了关于冬至的这些活动：

可以用哪些形式展示我们的活动成果呢？讨论一下吧！

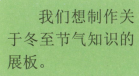

我们想制作关于冬至节气知识的展板。

我们小组想进行茶艺展示，让老师和同学们了解中华茶文化。

我们小组想制作二十四节气诗词集。

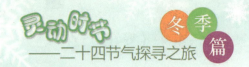

回顾活动过程，对自己和小组成员的表现进行反思和评价吧！

反思与评价	
活动中我的表现	
遇到的问题与解决的方法	
我在哪些方面进步最大	
我得到了小组成员的哪些帮助	

夏至日渐短，冬至日复长。太阳的脚步循环往复，冷到极致便是春，一切都蕴含着新生的希望。明媚的春光，正在赶来的路上！

品味冬天的乐趣——小寒

　　小寒，是二十四节气中的第二十三个节气、冬季的第五个节气。小寒是反映温度变化的节气，意思是天气虽然寒冷，但还没有到达寒冷的极点，所以称为"小寒"。此时，冷空气活动频繁，气温持续降低，我国大部分地区开始进入严寒时期。

小　寒

左河水

冰封万里雪皑皑，径堵千重港口塞。

昨日剪桃修几树，忽如一夜李花开。

1. 岁寒品腊韵

小寒，通常在每年公历 1 月 5—7 日交节，此时太阳到达黄经 285°。

启思苑

关于小寒，你想了解哪些内容？

为什么小寒时节天气越来越冷？

关于小寒的谚语有哪些？

小寒节气有哪些习俗？

活动角

上网查阅资料，解答心中的疑问吧！

我知道了小寒时节越来越冷的原因。

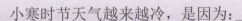

小寒时节天气越来越冷，是因为：＿＿＿＿＿＿＿＿＿＿＿＿＿

小寒节气有很多谚语，都充分体现了这个时节的寒冷。

谚语：小寒时处二三九，天寒地冻冷到抖。

含义：小寒通常处于"二九"到"三九"的时段，而"三九"是一年中最冷的时候，天寒地冻，滴水成冰，人也冷得发抖。

谚语：小寒胜大寒，常见不稀罕。

含义：在北方，小寒的天气一般要比大寒更冷一些，这是很常见的现象，所以有"小寒胜大寒"之说。当然，这也不是绝对的。

关于小寒节气的谚语还有哪些？展示一下吧！

小寒时节，我国各地的习俗有所不同。搜集资料，了解一下吧！

冰戏：又称"冰嬉"，是各种冰上体育活动的泛称，包括跑冰、花样滑冰、冰上执球与踢球以及冰上杂戏等，是北方冬季里人们喜爱的一项重要的娱乐活动。

探梅：小寒时节，蜡梅盛开，红梅含苞待放。人们常会挑选有梅花的绝佳风景地，赏梅观景。

吃糯米饭：广东等地有小寒吃糯米饭的习俗。人们把腊肉和腊肠切碎炒熟，加一些熟花生米和碎葱白，拌在饭里吃，有滋补御寒的作用。

你还了解到了小寒节气的哪些习俗？交流一下吧！

实践场

中国传统节日腊八节常在小寒前后。腊八节有一项重要的习俗是吃腊八粥，寓意丰收吉祥。一起学做腊八粥吧！

小贴士

1. 腊八粥所用的食材较多，要根据实际掌握好每种食材的用量，以免浪费。

2. 可以根据自己的口味更换或增减食材的种类。

3. 熬制过程中，需不停搅动，防止粘锅。

1. 准备大米、糯米、黑米、红米、黄豆、芸豆、绿豆、红豆各一把，核桃仁、莲子、红枣、花生少许。

2. 将各种豆子提前用水浸泡一夜，以便更加容易煮熟。

3. 将各种米洗净，在清水中浸泡2小时。将莲子去芯、红枣去核后与花生、核桃仁一起洗净。

4. 将豆子放入锅中，加足量清水，大火煮开，转小火煮 30 分钟，至饱满半熟状态。

5. 将莲子、红枣、花生、核桃仁倒入锅中，搅拌均匀后，加入各种米。

6. 大火煮开后转小火继续煮 40 分钟左右，待粥变浓稠，放入冰糖融化后，即可出锅。

展示一下劳动成果吧！

将热乎乎的腊八粥亲手送给环卫工人和路人，为他们送上寒冬里的"温暖"。

送温暖活动结束了，你有什么感受？写下来吧！

在这次活动中，你有哪些收获？一起交流吧！

我知道了小寒为什么那么冷。

我了解了小寒的习俗。

我将亲手做的腊八粥送给了环卫工人，看着他们的笑脸，我的心里甜甜的。

资料库

腊八节的由来

农历十二月初八称"腊八"。据宗懔的《荆楚岁时记》记载，腊是一种祭礼，"腊"由"猎"演变而来。古人狩猎所得，以十二月最为丰富。为检阅劳动成果，在这个月选择一个日子举行祭祀活动，这个日子叫"腊日"。腊日始于周代，但日期不固定。到了汉代，定为冬至后第三个戌日，因此称十二月为"腊月"。由于冬至不固定，所以"腊日"还是没有固定下来。直到南北朝时，才将"腊日"定在十二月初八，称为"腊八节"。这天，除祭祀猎物外，还祭杂粮粥，每家每户吃"腊八粥"，以祈求吉祥。

2.凌寒梅始绽

小寒时节，天气寒冷，梅花却吐蕊含香，凌寒绽放。让我们一起踏雪寻梅吧！

知识窗

梅，原产于我国南方，已有3000多年的栽培历史。

梅属蔷薇科，小乔木，树高4～10米，树皮平滑，呈浅灰色或带有绿色，花期冬春季，果期5—6月。鲜花可提取香精，花、叶、根和种仁均可入药。果实可食、盐渍、干制或熏制成乌梅入药，有止咳、止泻、生津、止渴之效。

梅花位居中国十大名花之首，与兰、竹、菊并称"四君子"，与松、竹并称"岁寒三友"。

启思苑

关于梅花，你想了解什么？

梅花为什么不怕寒冷，在冬季开放？

描写梅花的诗句有哪些？

梅花有哪些品种？

······

活动角

为了更加全面地了解梅花，先来制订调查计划吧！

_____小组调查计划	
调查目的	了解梅花的品种及其在寒冬开放的原因
小组成员及分工	
调查方法	文献法、访谈法
调查步骤	1.采访园艺师，了解梅花的品种。 2.上网搜索或查阅书籍，了解梅花在寒冬开放的原因。 ······
预期成果	

按照计划行动起来吧！

通过采访园艺师，我了解到梅花大致可分为单瓣（江梅）、重瓣宫粉、玉蝶、黄香、绿萼、朱砂、跳枝（洒金）、垂枝、龙游、杏梅、樱李 11 个品种群。我还上网查阅资料，制作了不同品种群梅花的小名片。

朱砂品种群

　　枝条直伸或斜展，呈拱形；花形为碟形，单瓣、复瓣或重瓣；花瓣为紫红色；花萼为绛紫色。

玉蝶品种群

　　树皮多为淡绿色或浅灰色，摸起来较为光滑；花形为碟形，复瓣或重瓣；花瓣为白色；花萼为绛紫色。

杏梅品种群

树皮呈浅灰色或带绿色，平滑；花形为杏花形，多复瓣；花瓣为水红色，几乎无香味。

绿萼品种群

花形为碟形，单瓣或复瓣；花瓣多为白色或黄色；花萼为淡黄褐色中微带绿色，闻起来有一种迷人的清香。

你还了解了哪些品种群的梅花？展示一下吧！

通过查阅资料，我知道了梅花在冬季开放，与它自身的构造以及开花所需温度有关。

梅花在冬季开放的具体原因：＿＿＿＿＿＿＿＿＿＿＿＿＿＿

梅花不畏严寒，历来为文人墨客喜爱和赞美，流传下来很多经典的诗句，让我们一起书写、品析吧！

墙角数枝梅
凌寒独自开
遥知不是雪
为有暗香来
梅花 宋 王安石
——六年级二班 陈奕帆 书

> 这首诗表现了梅花不惧严寒、傲然独放、暗送幽香的高贵品格，赞颂那些处于艰难环境中依然坚持操守、主张正义的人。

> 毛泽东在这首词中塑造了梅花俊美而坚韧不拔的形象，鼓励人们要有威武不屈的坚强意志和革命到底的乐观主义精神。

卜算子·咏梅
风雨送春归，
飞雪迎春到。
已是悬崖百丈冰，
犹有花枝俏。
俏也不争春，
只把春来报。
待到山花烂漫时，
她在丛中笑。
诗一首 欣慧 书
中国硬笔书法

梅花是中华民族精神的象征，它激励着一代又一代中华儿女不畏艰险、奋勇开拓，创造中华民族光辉而灿烂的历史。

你还搜集到了哪些关于梅花的诗词？写下来吧！

小贴士

书写作品时要注意：

1. 竖式书写从右向左，左下角署名。
2. 横式书写从左向右，右下角署名。
3. 行款整齐，布局合理。
4. 书写要正确、规范。
5. 落款的字体要小于正文。

实践场

　　严寒中，梅开百花之先，人们常把它作为传春报喜的吉祥象征。生活中随处可见梅花的身影，一起去寻找吧！

　　我们也来试着动手创作吧！

一起看看我的梅花吹画吧！

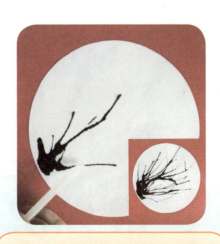

1.将一块硬纸板垫在白纸下，用毛笔或滴管在白纸的左下方滴一滴墨汁。

2.用吸管对准墨汁往上吹，直到枝条丰满。

3.用棉签蘸取印泥，在枝条上点印梅花，每朵梅花5～6个花瓣，花瓣中间留出空白。

4.蘸取黄色颜料，在花瓣中间空白处点印花蕊。

展示一下你的创意作品吧！

交流园

通过此次活动，你有哪些收获？

梅花精神让我敬佩，我要像梅花一样，坚强不屈，勇敢面对困难和挑战。

我知道了梅花为什么能够在冬天开放。

……

3. 寒重鹊欢跃

小寒二候鹊始巢。小寒时节，喜鹊开始衔草筑巢，准备孕育后代。让我们一起走近喜鹊吧！

启思苑

关于喜鹊，你们想了解什么？

我想了解喜鹊的外形特征和生活习性。

我想知道喜鹊是怎样筑巢的。

我想知道喜鹊名字的由来。

......

怎样找到答案呢？

我要去图书馆借阅关于喜鹊的书籍。

我要上网搜集关于喜鹊外形特征的资料。

我要实地观察喜鹊和它的巢。

把搜集到的内容记录下来吧！

查找的问题：＿＿＿＿＿＿＿＿＿＿＿＿＿＿＿＿＿＿

查找方法：＿＿＿＿＿＿＿＿＿＿＿＿＿＿＿＿＿＿＿

资料内容：＿＿＿＿＿＿＿＿＿＿＿＿＿＿＿＿＿＿＿

＿＿＿＿＿＿＿＿＿＿＿＿＿＿＿＿＿＿＿＿＿＿＿＿＿

＿＿＿＿＿＿＿＿＿＿＿＿＿＿＿＿＿＿＿＿＿＿＿＿＿

资料来源：＿＿＿＿＿＿＿＿＿＿＿＿＿＿＿＿＿＿＿

我的收获：＿＿＿＿＿＿＿＿＿＿＿＿＿＿＿＿＿＿＿

关于喜鹊名字的由来，有一个美丽的传说，我们小组整理后制作了美篇，请扫码阅读吧！

实践场

想要深入了解喜鹊，可以实地观察。一起去寻找喜鹊的踪迹吧！

小贴士

1. 带好观察用具，如挂绳的记录笔、笔记本、望远镜、无人机等。

2. 选好观察地点。喜鹊长期与人们共同生活，可以在房前屋后、城市绿地、公园等地点进行观察。

把观察到的内容整理记录下来。

观察记录表

观察时间		观察地点		记录人	
外形特征					
生活习性					
巢穴特点	位置				
	外观				
	材质				
	入口				

通过观察和上网搜集资料，我们小组制作了喜鹊的资料卡。一起看看吧！

喜鹊是鸟纲雀形目鸦科鹊属的鸟类。

喜鹊体长 40～50 厘米，雌雄羽色相似，头、颈、背至尾均为黑色，自前往后分别呈现紫色、绿蓝色、绿色等光泽，双翅黑色，翼肩有白斑，腹面以胸为界，前黑后白。

喜鹊喜欢在居民点附近成小群活动，夏季主要以昆虫等动物性食物为食，其他季节主要以植物果实和种子为食。喜鹊的飞翔能力较强，常边飞边"喳喳喳"地鸣叫。

喜鹊一般在小寒时节开始衔草筑巢，它们的筑巢技术高超，被称为"自然界的建筑大师"。

从外面看，喜鹊的巢非常粗糙，为什么人们却将喜鹊称为"自然界的建筑大师"呢？

其实，喜鹊巢的内部结构非常复杂、精细。一起了解一下吧！

最外层：由杨柳粗枝或铁丝等编织而成，比较牢固。

第二层：多由柔软的杨柳细枝盘成类似圆形的筐，镶在巢内下半部。

第三层：用泥土将外层漏风处封住，塑成一个泥碗。

第四层：主要是柔软的铺垫物，如棉絮、兽毛、芦花等。

喜鹊的巢真是太精巧了，它们可真是天才建筑师呀！

喜鹊高超的建筑技艺源于它们的聪明才智。喜鹊的聪明还体现在哪些方面？一起找一找吧！

喜鹊的聪明体现在：————————————————

体验营

　　在我国传统文化中，喜鹊是吉祥的象征。人们通过多种方式表达对喜鹊的喜爱之情，让我们去了解一下吧！

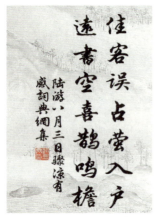

　　"喜鹊登梅图"是盛行于黄河两岸、大江南北的优秀传统文化作品。一起学习"喜鹊登梅"剪纸吧！

小贴士

使用剪刀要注意：1.取剪刀要用手紧握剪刀尖。2.使用时，剪刀的尖朝前，不要横着剪，以防剪到另一只手或扎到身体其他部位。

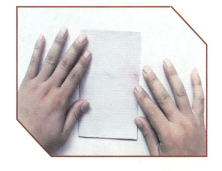

1. 准备"喜鹊登梅"图样、红纸、铅笔、橡皮、剪刀、刻刀。将纸向内对折。

2. 用铅笔从折边处画起，画出图案的一半。

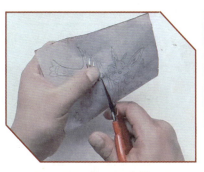

3. 按照先内后外原则，剪掉空白部分，细微之处可以使用刻刀完成。

4. 用剪刀沿着画好的轮廓线剪出整个图形，剪好后放在书里压平。

5. 将红纸小心翼翼地展开，作品就完成了。

展示一下你的作品吧！

通过这段时间的活动，你有哪些收获呢？

我知道喜鹊为什么叫报喜鸟了。

我知道了喜鹊是聪明的建筑师。

我会了剪"喜鹊登梅"。

······

资料库

小寒三候

一候：雁北乡（xiàng）。古人认为大雁是一种随阴阳迁徙的候鸟，小寒时阳气已动，所以大雁开始向北迁徙。

二候：鹊始巢。喜鹊感觉到阳气便开始筑巢，准备繁殖后代。

三候：雉始鸲（qú）。古人发现，雉每到小寒节气就会感受到阳气，雌雄同鸣。

4. 收获与反思

回顾小寒实践活动，你们有哪些收获？讨论一下，用不同的方式展示活动成果吧！

我们要拍摄制作腊八粥的小视频。

我们小组要制作爱鸟宣传海报。

......

活动结束了，相信你有很多感悟，记录下来吧！

我的感悟

对自己和小组成员的表现进行反思和评价吧！

反思与评价	
活动中我的表现	
遇到的问题与解决的方法	
我在这些方面进步最大	
我在这些方面还需要提高	
我得到了小组成员的这些帮助	

凌寒梅始绽，风劲腊韵浓。怀着对新年的期待，迎接大寒的到来吧！

品味冬天的乐趣——大寒

小寒过后，我们迎来了冬季的最后一个节气，也是二十四节气中的最后一个节气——大寒。大寒，顾名思义就是天气寒冷到了极点。这时冷空气频繁，北风呼啸，大雪纷飞，呈现出冰天雪地、天寒地冻的严寒景象。

让我们走进冰雪世界，以雪为乐，与冰共舞，体验大寒节气的别样乐趣吧！

沁园春·雪

毛泽东

北国风光，千里冰封，万里雪飘。
望长城内外，惟余莽莽；大河上下，顿失滔滔。
山舞银蛇，原驰蜡象，欲与天公试比高。
须晴日，看红装素裹，分外妖娆。
江山如此多娇，引无数英雄竞折腰。
惜秦皇汉武，略输文采；唐宗宋祖，稍逊风骚。
一代天骄，成吉思汗，只识弯弓射大雕。
俱往矣，数风流人物，还看今朝。

1. 温暖度寒冬

每年公历 1 月 20—21 日，太阳到达黄经 300° 时，进入大寒节气。大寒处于"三九"刚过、"四九"之初，是我国大部分地区一年中最冷的时期，御寒取暖成了人们生活中的头等大事。

关于御寒取暖，你想了解什么？

御寒取暖的方式有哪些？

集中供暖的效果怎样？

......

活动角

带着问题，上网查阅资料吧！

我搜集到了有关御寒取暖方式的资料。

钻木取火

在我国古代传说中，旧石器时代的燧人氏发明了钻木取火，这是人类最早的取暖方式之一。燧人氏结束了远古人类茹毛饮血的历史，被尊为燧皇，奉为"火祖"。

木柴取暖

傣族、侗族等少数民族地区的火塘和东北地区的火炕等，都是通过燃烧木柴、树枝、秸秆、杂草等达到取暖的目的。

燃煤取暖

很多北方家庭过冬都会采用燃煤的方式取暖。随着生活水平的提高，取暖方式逐渐从散居单独取暖变成城镇化集中供暖。

清洁取暖

清洁取暖，是指利用天然气、电、地热、生物质、太阳能、工业余热、清洁化燃煤、核能等清洁化能源取暖，不仅节约能源，而且更加低碳环保。

你了解到了哪些取暖方式？展示一下吧！

实践场

集中供暖是我国北方地区比较普遍的供暖方式。集中供暖的情况怎样？开展一次小调查吧！

我们可以在小区内随机调查。

先来制订调查计划吧！

_____小组调查计划	
调查目的	了解小区内集中供暖的情况
小组分工	
调查准备	
调查内容	1. 您居住的小区是由哪家热力公司供暖的？ 2. 您家的取暖费是怎么计算的？ 3. 供暖后，室内温度能达到多少度？ ……
注意事项	

制订好计划，行动起来吧！

大部分居民家中的取暖费都是按照面积计算的。

有一些新小区是按照流量计费的，居民家中安装了温控阀，可以调节温度。

绝大多数居民家都能达到不低于18℃的供热标准。

人们对集中供暖的效果是否满意？除实地调查外，还可以设计调查问卷，通过问卷星进行网络调查。

调查问卷一般包括标题、问卷说明和调查问题三部分。问卷说明中应当写清调查目的、参与人群、填写要求等；问题需围绕调查主题进行设计，可采用选择或问答等形式呈现。

我们小组主要从供暖温度、供暖时长、取暖费用三个方面设计了调查问题。

关于集中供暖满意度的调查问卷

尊敬的居民:

您好!

我们是××学校的学生,正在开展关于冬季取暖方式的综合实践活动。为了解居民对集中供暖的满意度,特开展本次问卷调查。请您认真阅读以下问题,如实、客观、公正地填写信息。非常感谢您的参与!

1. 您认为冬季家里适宜温度为( )

A.10～20°C   B.20～25°C   C.25～30°C   D.30°C 以上

2. 您家冬季室内温度为( )

A.10～20°C   B.20～25°C   C.25～30°C   D.30°C 以上

3. 您所在地区集中供暖时长为( )

A. 4 个月   B.5 个月   C.6 个月   D. 其他

4. 这样的供暖时长是否能满足取暖需求?( )

A. 是   B. 否

5. 您家一年的取暖费用大约是( )

A.1000 元以下   B.1000～2000 元   C.2000～3000 元   D.3000 元以上

6. 您认为取暖费的收取标准是否合理?( )

A. 是   B. 否

7. 您对集中供暖的效果满意吗?( )

A. 满意   B. 基本满意   C. 不满意

8. 关于集中供暖,您有什么意见和建议?

设计好问题,通过问卷星呈现出来吧!

小贴士

1. 在微信中搜索"问卷星"小程序。

2. 点击"微信登录",创建新问卷,选择列表中的"调查",创建调查页面。

3. 点击"从空白创建",输入调查名称,添加问卷说明,点击"添加题目",选择问题类型并输入设计的问题,最后点击"保存"。

问卷创建成功后，发送到不同的微信群进行调查吧！

我发现调查后问卷星可以自动生成调查结果。

关于集中供暖满意度的调查问卷

第1题：您认为冬季家里适宜温度为（ ） [单选题]

选项	小计	比例
10~20℃	3	2.75%
20~25℃	86	78.9%
25~30℃	20	18.35%
30℃以上	0	0%
本题有效填写人次	109	

第2题：您家冬季室内温度为（ ） [单选题]

选项	小计	比例
10~20℃	1	0.92%
20~25℃	35	32.11%
25~30℃	73	66.97%
30℃以上	0	0%
本题有效填写人次	109	

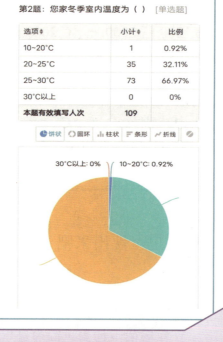

通过数据可以看出，78.9% 的人认为 20～25℃ 是冬季家里适宜的温度，99.08% 的家庭冬季室内温度达到或超过 20℃。由此可见，集中供暖的温度能够满足绝大部分人的取暖需求。

在你们的调查中，居民们对集中供暖的满意度如何？根据问卷星生成的调查结果，分析一下吧！

对温度的满意度：

对供暖时长的满意度：

对取暖费用的满意度：

对供暖效果的整体满意度：

结合居民们提出的意见和建议，给热力公司写一份建议书吧！

建 议 书

活动结束了，交流一下收获与感受吧！

我了解到人们御寒取暖有多种方式。

我学会了使用问卷星进行网络调查。

……

资料库

当前，尽管人们在生产生活中采用了多种清洁能源，但煤炭在我国的能源结构中仍然占据重要的位置。

为减少煤炭燃烧带来的环境影响，我国积极贯彻绿色发展理念，提出2030年实现"碳达峰"、2060年实现"碳中和"的环保发展目标。

"碳达峰"，指二氧化碳排放量达到历史最高值，由增转降的历史拐点。"碳中和"，指二氧化碳或温室气体被植树造林、节能减排等形式抵消。

随着"碳达峰""碳中和"成为引领各行各业低碳发展的共同战略，使用清洁能源、高效使用能源成为人们的共识。

2.畅享冰上趣

大寒分为三候：一候鸡乳；二候征鸟厉疾；三候水泽腹坚。大寒时节，北方天气严寒，河流冻冰更加结实，适合开展各种冰上运动。

启思苑

关于冰上运动，你想了解什么？

传统的冰上游戏有哪些？

冰上的体育竞技项目有哪些？

……

实践场

上网查阅资料，了解常见的冰上传统游戏吧！

> 冰嘎（gá），也称冰嘎、冰猴、冰陀螺，是 20 世纪 60 年代我国北方地区非常流行的儿童玩具。抽冰嘎，又称打陀螺，需要在冰面上进行，通常用鞭绳辅助。

观察一下冰嘎的样子吧！

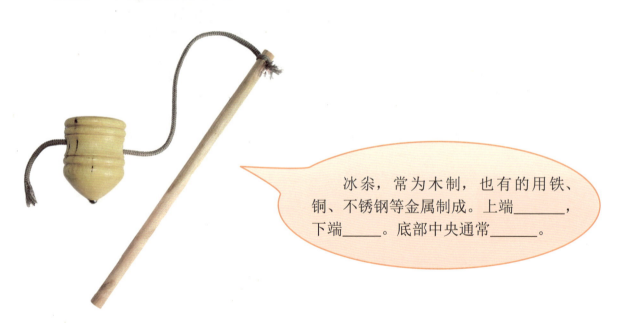

> 冰嘎，常为木制，也有的用铁、铜、不锈钢等金属制成。上端_____，下端_____。底部中央通常_____。

问问爷爷奶奶，了解一下冰嘎的玩法吧！

> 我知道了：抽冰嘎时，先将鞭绳紧紧缠绕在冰嘎的凹刻处，然后把它放在冰面上，快速抽出鞭绳并连续抽打，冰嘎便会加速转动。

走上冰面，一起体验抽冰尜的快乐吧！

小贴士

抽冰尜时，尽量选择冰面平整、没有坑洼和积雪的地方。要注意保持身体平衡，避免滑倒受伤。

传统的冰上游戏还有哪些？搜集相关图片和游戏规则，分享一下吧！

冰上运动除了游戏，还有哪些体育竞技项目？采访一下体育老师吧！

冰上体育竞技项目：冰壶、冰球、滑冰、_____

_____

_____

冰壶是冰上竞技项目中较为常见的一种。通过查找资料、观看录像等方式，了解一下吧！

我从网上查找到以下内容：冰壶是由壶体、手柄和螺栓组成的，直径不到 30 厘米，重量近 20 千克，壶体材质为花岗岩。

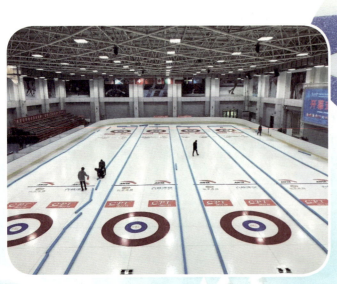

通过观看比赛录像，我了解了冰壶比赛的场地和规则。

冰壶场地两端各有一个同心圆组成的圈，发球的圆圈称为本垒，另一端称为营垒。

两队都在本垒发球，将球发向营垒。

比赛时，双方各 4 人上场，分别称为一垒、二垒、三垒和四垒，顺序交叉投壶。

比赛共进行 10 局，每局每人有 2 次掷壶机会，冰壶最接近圆心的一方得分，得分多者获胜。

比赛时，刷冰可以起到什么作用？请教一下冰壶教练吧！

运动员一直在冰壶的前面刷冰，是

因为＿＿＿＿＿＿＿＿＿＿＿＿＿＿＿

＿＿＿＿＿＿＿＿＿＿＿＿＿＿＿＿＿

你还了解到冰壶比赛的哪些规则？写下来吧！

随着冰上运动的推广，陆地冰壶开始走进中小学校园。它与冰壶有什么不同？场地设置与比赛规则是怎样的？

陆地冰壶：又名地壶球，与冰壶相比，它的球体更轻，下方增设了 3 个滑轮用于地面滑行。

场地设置：

比赛规则：

了解了比赛规则，试着当一当小裁判吧！

小贴士

陆地冰壶比赛只在两队全部投壶结束后，统计某一队中比对方所有壶都更靠近中心的壶的个数，有几个记几分。所以，陆地冰壶比赛的比分只可能出现1：0或2：0或3：0……不会出现类似2：1这样的比分结果。

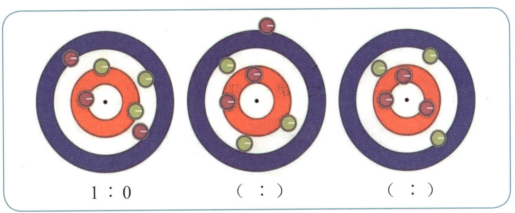

1：0　　　　　（　：　）　　　　　（　：　）

一起体验陆地冰壶的快乐吧！

难忘瞬间

活动中，你有哪些收获？交流一下吧！

我学会了抽冰尜，真是太开心了！

我了解了冰壶的比赛规则。

陆地冰壶让我们的校园生活更加丰富多彩了！

资料库

冰　壶

冰壶又称掷冰壶、冰上溜石，被誉为冰上的"国际象棋"，是以队为单位在冰上进行的一种投掷性竞赛项目。

冰壶于14世纪起源于苏格兰。1795年，第一个冰壶俱乐部在苏格兰创立。1927年，加拿大举行了首次全国性冰壶比赛。1955年，冰壶传入亚洲。1924年，冰壶首次以表演项目的形式在冬奥会上亮相。1998年，冰壶被正式列入冬奥会比赛项目。

冬奥会冰壶设3个小项，分别为男子冰壶、女子冰壶、混合双人冰壶。我国于1995年引进冰壶运动，近年来发展迅速。

3.欢喜过大年

进入大寒，年就近了。"大寒忙年"的习俗，让家家户户都忙碌热闹起来。

知识窗

"年"的概念，最初来自农业。古时人们把谷的生长周期称为年。《说文·禾部》中提及："年，谷熟也。"夏商时期产生了夏历，以月亮圆缺的周期为月，一年划分为十二个月，每月以不见月亮的那天为朔，正月朔日的子时称为岁首，即一年的开始，也叫年。

年是我国古老而又隆重的节日。年的历史非常悠久，尧舜时称为"载"，夏代称为"岁"，商代称为"祀"，周代称为"年"。自周代起，"年"的叫法一直沿用到现在。

启思苑

关于过年，你们想了解什么？

年是指除夕还是春节？

过年有哪些传统习俗？

……

活动角

"年"是指除夕还是春节？上网查询，了解一下吧！

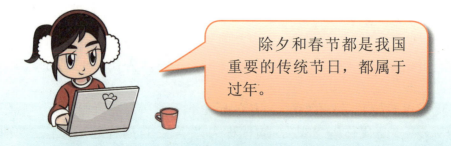

除夕和春节都是我国重要的传统节日，都属于过年。

除夕，指农历一年最后一天的晚上，因常在夏历腊月三十或二十九，因此又称这一天为大年三十。

年的最后一天叫"岁除"，那天晚上叫"除夕"。除夕人们往往通宵不眠，叫"守岁"。除夕这一天，家里家外都要打扫得干干净净，还要贴春联、贴年画、挂灯笼等。

春节，指正月初一，也就是农历新年的第一天，又叫阴历年，俗称"过年"。

春节历史悠久，起源于殷商时期年头岁尾的祭神祭祖活动。按照我国农历，正月初一古称元日、元辰、元正、元朔、元旦等，俗称大年初一。到了民国时期，改用公历，公历的 1 月 1 日称为元旦，农历的一月一日叫作春节。

按照旧习俗，从年尾十二月二十三或二十四的小年开始，直至正月十五元宵节或正月十九止，将近一个月的时间称为"过年"。

过年有哪些传统习俗？问问长辈们吧！

_____小组采访记录			
时间		地点	
采访人		被采访人	
采访过程记录			

通过采访长辈，我了解到传统的年俗有扫尘、贴春联、贴"福"字、贴窗花、赶大集、守岁、吃饺子、吃汤圆、逛庙会、猜灯谜等。

贴"福"字，是民间由来已久的春节习俗，寄托了人们对幸福生活的向往和对美好未来的祝愿。将"福"字倒过来贴，表示幸福到、福气已到。

包压岁钱，是汉族的传统年俗。由长辈将钱装在红包内给晚辈，寓意是祝福晚辈平平安安度过一岁。

逛庙会，是我国特有的集吃、喝、玩、乐于一体的传统民俗文化活动。由于起源于寺庙周围，所以叫"庙会"。

你还了解到哪些年俗？分享一下吧！

体验营

过年前，家家户户都会置办年货。在不同年代，人们购买的年货有什么变化？一起去采访吧！

我们分别采访了不同年龄段的人群，发现年货的内容和购买的方式都发生了巨大的变化。

20 世纪

70年代：人们凭票购物，买衣服要布票，买鞋要鞋票，买菜和肉要菜票、肉票……一到过年，人们会用平时积攒下来的各种票，到供销社排队购买米面、肉蛋、烟酒、糖果等年货。

80年代：改革开放后，琳琅满目的服装和电视机、洗衣机、冰箱三大件等实用性家电开始进入年货清单，采购地点也从供销社到了集市、展柜和商场。

90年代：

21 世纪

从供销社到年货集市，再到百货商超、电商，年货内容从匮乏单一到丰富讲究，购买方式从凭票"定量买"到线下线上"任性购"……年货在时代变迁中不断更新，真实地记录了中国人的生活巨变。

年货种类丰富多样。你家过年买什么年货？和爸爸妈妈一起列出清单吧！

年货清单

类别	名称	单位	数量	预计支出（元）	实际支出（元）
食品					
服饰					
装饰用品					
……					
合计					

带上清单，去置办年货吧！

小贴士

购买年货的注意事项

1. 货比三家，做到心中有数。

2. 不购买"三无"产品，特别是购买食品时，要注意查看生产日期及保质期限。

3. 网络购物要通过正规平台购买，尽量选择得分较高、评价较好的商家。

4. 要适量购买，理性消费。

晒一晒你买的年货吧！

实践场

过年时，人们常常挂起象征团圆的红灯笼，来营造喜庆的氛围。让我们一起制作红灯笼吧！

准备材料：红色和黄色的长方形卡纸、铅笔、橡皮、直尺、壁纸刀、废旧塑料瓶、中国结、LED彩灯、竹竿等。

1.将红色卡纸宽边左右各预留2厘米，然后从上往下每隔2厘米画出若干条平行线。

2.用壁纸刀将所画平行线划开，再把双面胶的一面贴在预留的两条边上。

3.去掉塑料瓶瓶口上端，保留剩余部分，准备做灯罩。

4.将一条预留边与瓶子下端连接，然后将另一边翻折，与瓶子上端连接。

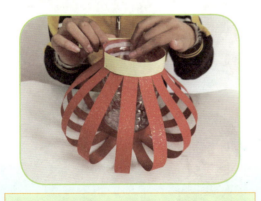

5.将黄色卡纸裁成2厘米宽的纸条，粘到灯架上方，再用红纸裁提手，用双面胶粘在顶端。

6.将LED彩灯与中国结灯穗等配件连接到灯笼主体上，用竹竿穿过提手。

使用不同材料和光源，可以做出各具特色的灯笼。发挥你的创意，动手制作吧！

在活动过程中，你有哪些收获和感受？交流一下吧！

4.收获与反思

"品味冬天的乐趣——大寒"实践活动结束了，你有哪些收获？怎样展示我们的活动成果？

我们想组织一次陆地冰壶比赛。

我们计划举办一次灯笼展。

……

回顾活动过程，对自己的表现进行评价吧！

评价内容	评价标准		
是否全程参与了实践活动？	□是	□否	
收集资料是否感觉困难？	□很容易	□有困难	□困难
是否经常与其他同学合作研究？	□经常	□不经常	□很少
你对自己的活动成果满意吗？	□很满意	□满意	□不满意

"造物无言却有情，每于寒尽觉春生。"冬韵未远而春意将至，我们又将迎来新的四季轮回。和风煦暖，冰雪消融，草木初萌，万物复苏。让我们向冬天挥手说再见，共同期待春回大地的第一抹新绿吧！

我参与 我快乐 我体验 我收获

冬季是冷冽的，岁寒品松，踏雪寻梅，我们在冬日中挥洒激情。

冬季是雅致的，仰望星空，烹茶品茗，我们在诗意中感受美好。

冬季是红火的，冰场相伴，热闹忙年，我们在欢笑中品味温暖。

我们在研究中发现，在活动中体验，在操作中实践……

二十四节气探寻之旅冬季部分结束了，你有哪些收获呢？

我的收获是……

最喜欢的节气	最感兴趣的活动形式	印象最深的一次活动
在小组合作中最大的进步	最大的收获	

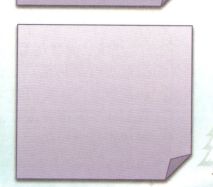

写下大家对你的评价吧！

伙伴说：

老师说：

家长说：

我想对自己说：

　　寒来暑往，斗转星移，我们的二十四节气探寻之旅画上了圆满的句号。让我们继续努力，在思考、实践、体验、分享中探究大自然的神奇，感悟中华文明的瑰丽吧！